HENRI GILBAULT

N PROFESSEUR AGRÉGÉ, DOCTEUR ÈS-SCIENCES
INSPECTEUR D'ACADÉMIE DE L'AUDE

Conférences Populaires

GUIDE PRATIQUE

À L'USAGE

DES CONFÉRENCIERS POPULAIRES

AVEC UNE LETTRE-PRÉFACE

DE M. Edouard PETIT

INSPECTEUR GÉNÉRAL DE L'INSTRUCTION PUBLIQUE

BIBLIOTHÈQUE D'ÉDUCATION

PARIS, 15, rue de Cluny, 15, PARIS

Prix. 0 75

HENRI GILBAULT

ANCIEN PROFESSEUR AGRÉGÉ, DOCTEUR ÈS-SCIENCES
INSPECTEUR D'ACADÉMIE DE L'AUDE

Conférences Populaires

GUIDE PRATIQUE

A L'USAGE

DES CONFÉRENCIERS POPULAIRES

AVEC UNE LETTRE-PRÉFACE

DE M. Edouard PETIT

INSPECTEUR GÉNÉRAL DE L'INSTRUCTION PUBLIQUE

BIBLIOTHÈQUE D'ÉDUCATION

PARIS, 15, rue de Cluny, 15, PARIS

LETTRE-PRÉFACE

A Monsieur Henri Gilbault,
Inspecteur d'académie de l'Aude

Paris, *le 9 novembre 1904.*

Cher Monsieur et Inspecteur,

Vous avez déjà rendu un très sérieux service aux volontaires de l'éducation populaire en les dotant d'un guide pour la fondation et la tenue des mutualités scolaires. Vous leur avez évité combien d'erreurs et de mécomptes ! vous les avez initiés, en perfection, aux difficultés d'une institution qui paraît, de prime abord, d'un mécanisme fort simple, mais dont les rouages ne laissent pas, au vrai, d'être compliqués.

Vous poursuivez votre œuvre de vulgarisation et de propagande en publiant vos Renseignements pratiques à l'usage des Conférenciers populaires.

Vous avez vu de près à quels obstacles se heurtent les débutants ; vous avez constaté que souvent ils s'aiguillent à faux ; vous avez résolu, et à raison, de leur venir en aide.

Point de théories inutiles dans votre « Instruction ». Des indications précises, marquées au coin de l'expérience, des faits, des exemples.

Vous entrez directement dans le détail nécessaire que comporte l'organisation de Conférences sériées, méthodiques, ayant lien et unité entre elles. Vous donnez aux Conférenciers populaires des conseils qui leur permettront « d'aller au peuple », car il faut bien reconnaître que, trop souvent encore, la Conférence ne s'adresse pas à un auditoire, de savoir peu étendu, peu élevé. Vous ne craignez pas d'insister sur de menues et utiles prescriptions relatives au choix du local, à l'établissement du programme.

Vos « Notes » personnelles, votre « Essai » de pédagogie usuelle se complètent par une sorte de mémento, de vade-mecum plein de renseignements dispersés çà et là et que, pour la première fois, vous avez réunis.

Les Conférenciers populaires sauront, grâce à vous, quelles ressources exactes leur offre le musée pédagogique, quelles collections de vues et de causeries sont mises à sa disposition par les différents éditeurs, quels livres, quelles brochures fourniront un aliment à leur « campagne » hivernale et où, à quels prix, on les trouve.

Vous n'avez eu garde d'omettre la Lecture populaire qui, de toutes parts, obtient un si franc et si légitime succès. Vous dites comment on la prépare, ce qu'il convient de lire aux « veillées » tant ouvrières que rurales.

Même vous avez pensé à ceux de vos collaborateurs qui organisent une partie de concert. Vous leur signalez des chants, des morceaux de musique.

Et vous avez répondu à l'appel du Congrès d'Amiens, qui demandait qu'on dressât une liste de pièces de théâtre, saynètes, monologues, de gaieté saine, propres à être dits en public, dans les représentations qu'organisent Associations et Patronages. Vous avez fait un choix de titres, vous avez composé une riche table des matières qui peuvent suffire pendant un long temps à récréer jeunes gens et familles.

Je suis convaincu que vos « Renseignements pratiques » seront consultés avec profit par la clientèle toujours grandissante des « Professeurs du peuple » et des « Étudiants populaire. » Ceux-ci surtout vous sauront gré de les avoir documentés qui, loin des grands centres, loin des sociétés d'instruction, des universités populaires, vont cherchant leur voie, tâtonnent et souvent s'égarent. Ils possèdent enfin un guide sûr qui les conduira par une voie lumineuse à la Vérité et à Beauté.

Votre bien dévoué,   EDOUARD PETIT.

Renseignements pratiques

A L'USAGE

CONFÉRENCIERS POPULAIRES

AVANT-PROPOS

L'éducation post-scolaire est — dans notre désir de développement de la démocratie — toujours une de nos préoccupations les plus grandes.

Cette préoccupation m'a engagé — après m'en être entretenu avec quelques-uns de mes collaborateurs — à publier dans le *Bulletin de l'Enseignement primaire de l'Aude*, une série d'instructions ayant pour but de renseigner les Instituteurs du département, sur les sources auxquelles on peut puiser les renseignements nécessaires à la préparation d'une conférence. J'ai surtout senti le besoin de cette publication, lorsque je me suis aperçu que les livres et les revues récentes sont ignorées de beaucoup de nos éducateurs populaires et qu'un certain nombre de nos conférences roulent sur des sujets connus et vieillis qui n'intéressent que médiocrement : il m'a semblé nécessaire d'orienter nos causeries populaires vers les sujets d'actualité et de beauté, qui seuls peuvent captiver.

Ce sont les pages de mon *Bulletin départemental*, consacrées à ce sujet, que je présente au public, encouragé par M. Edouard Petit, qui me fait le très grand honneur de m'écrire une Préface, et de me laisser croire qu'il y a quelque intérêt à publier ces « Renseignements pratiques ». Je tiens à remercier ici publiquement M. l'Inspecteur général Edouard Petit pour la très précieuse marque de sympathie qu'il vient de m'accorder.

L'éducation post-scolaire se fait particulièrement au moyen de cours d'adultes, de conférences populaires, de patronages scolaires et de mutualités.

Ces différentes formes d'action sont toutes intéressantes et ont leur valeur éducative, mais je ne voudrais m'arrêter que sur l'une d'elles : la Conférence populaire ; non pour qu'on néglige les autres, mais à cause des mérites que je lui trouve. N'est-ce pas la conférence populaire qui par sa variété permet d'adapter l'enseignement aux besoins des milieux ? N'est-ce pas elle qui, par la hauteur des idées développées peut former la philosophie et la moralité du peuple ? N'est-ce pas elle qui, par sa liberté d'allure, donne la possibilité de traiter tous les sujets d'actualité, d'éclairer les esprits sur toutes les questions prêtant à discussion et dans l'étude desquelles il y a tout intérêt à introduire les clartés de l'esprit critique ? N'est-elle pas capable de permettre aux plus illettrés de s'intéresser aux questions d'ordre intellectuel et d'introduire des lumières dans les esprits les moins cultivés ? N'est-ce pas la conférence populaire qui met en présence les différentes classes de la société, les unes comme conférenciers, les autres comme auditeurs et travaille par suite à la fraternité et à la paix de la Cité ?...

Mais on a déja beaucoup écrit sur les conférences populaires et des esprits distingués ont exprimé sur leur compte tout ce qui pouvait être dit en fait d'idées générales.

Je voudrais simplement — pour compléter ce qui a été fait jusqu'ici — réunir des documents d'ordre pratique capables d'aider les conférenciers aux prises avec les nécessités matérielles de l'organisation d'une campagne de conférences.

L'ORGANISATION

D'UNE SÉRIE DE SOIRÉES POPULAIRES

Le programme. — La première difficulté en face de laquelle se trouve l'organisateur de conférences populaires est la rédaction de son programme. Il faut en effet, dès le début d une campagne de conférences, savoir à peu près les sujets qui seront traités de façon à compléter au besoin cette série, à y introduire de la variété. Il ne faut pas que toutes les conférences soient scientifiques ou toutes littéraires ; il est bon de développer devant l'auditoire des idées différentes et que par exemple la Littérature, la Philosophie générale, la Sociologie, la Morale sociale, l'Histoire, les Sciences soient tour à tour mises à contribution.

Il faut également que chaque conf'rence soit complétée par quelques distractions d'un autre ordre. Par exemple si la conférence est littéraire et ne comporte pas de projections, il sera bon à la fin de la conférence de faire voir pendant un quart d'heure quelques projections de science sur une découverte récente. Ou si le conférencier a développé un sujet scientifique, il sera bon qu'une autre personne présente en quelques minutes un petit nombre de projections d'art. Il faut se garder de projeter en une seule fois toutes les vues contenues dans un des envois du Musée pédagogique, on aurait un défilé sans intérêt, il vaut mieux laisser chaque cliché pendant quelque temps devant les yeux du public en appelant son attention sur les caractères de beauté de l'œuvre d'art et en lui laissant le temps d'admirer et de comprendre les explications qui lui sont fournies. Surtout il ne convient guère de faire défiler des projections, sans ajouter, à propos de chaque vue, une explication instructive.

Une conférence peut être agréablement complétée par un chant : soit par un solo, soit par un chœur exécuté par les élèves de l'école. Ou encore par un morceau de musique exécuté sur le piano ou par un orchestre de quelques musiciens. Mais on ne doit faire entendre que de la musique classique, ou tout au moins de la belle musique.

On peut faire appel également au Phonographe pour l'exécution de morceaux d'orchestration de musique classique. Les autres auditions phonographiques laissent beaucoup à désirer.

A titre d'exemple, voici le programme suivi pendant un hiver dans une localité de 5000 habitants :

1° *Madagascar*, av. proj. M. T. Orchestre de la Philarmonique. Au début, la *Marseillaise*, à la fin *Faust*.

2° *Zola et son œuvre*, M. J. Projection de radiographies par M. G.

3° *Histoire de la Musique* jusqu'au XVIIe siècle. M. F. Exécution piano et violons, par MM. F. et C., des principaux morceaux cités.

4° *Le Progrès moral*, M. R. *La Muse et l'Ouvrier*, par M. et Mme C.

5° *L'Avare*, de Molière, causerie sur l'avare, par M. G. et l'explication des coupures. Lecture par MM. T. J. G. B., et Mmes C. M. B.

6° *L'Impôt avant 1789*, M. C. Projections d'art. Une salle du Musée du Louvre, par M. G.

7° *Le Familistère de* M. R. Analyse de l'opéra « la Reine de
   Guise, avec pro-   Saba » par M. G. Chant des
   jections.   principaux morceaux de la
                  Reine de Saba par Mᵐᵉ G.

8° *Le Pendule de* M. G. Orchestre de la Philarmonique.
   Foucault, avec   Principaux morceaux de *Lak-*
   expériences et mi-   *mé.*
   se en mouve-
   ment d'un grand
   pendule de 10ᵐ.

Les ressources. — L'organisation des conférences populaires ne va pas sans entraîner quelques dépenses. Il faut acheter des livres et des brochures pour préparer les conférences. Il faut, autant que possible, imprimer pour chaque soirée un programme qui sera distribué largement dans la localité par les soins des enfants des écoles. L'emploi de l'appareil à projections entraîne une dépense. Enfin tous les conférenciers ne sont pas forcément de la localité où a lieu la conférence et il faut les indemniser de leurs frais de voyage.

Tous ces frais peuvent être supportés par une société telle que la *Ligue de l'enseignement* fonctionnant dans chaque grand centre, par exemple dans chaque chef-lieu d'arrondissement ou dans chaque chef-lieu de département et qui ayant une action départementale, peut obtenir une subvention du Conseil général.

Un autre moyen consiste à faire appel à la générosité des Conseils municipaux républicains, qui en général votent une petite somme annuelle bien suffisante pour parer à toutes les dépenses faites dans les communes. Ce *système* organisé dans le département de l'Aude fonctionne parfaitement dans un certain nombre de communes et permet *aux instituteurs* de se déplacer et d'échanger entre eux leurs conférences.

Les conférenciers. — Il n'y a pas à le dissimuler : les véritables conférenciers populaires sont les instituteurs. Ils le sont par leur dévouement, par leur nombre, par l'habitude qu'ils ont de parler aux enfants du peuple ce qui leur donne le ton qu'il faut employer pour parler au peuple. Puis, dans certains milieux ruraux ils sont les seules personnes assez instruites pour parler publiquement.

Dans les petites localités on trouve quelquefois en plus de l'instituteur, un juge de paix, un surnuméraire de l'enregistrement ou des contributions, ou un avocat de bonne volonté qui donne son concours.

Il n'y a que dans les grandes villes qu'il est possible de trouver constamment les concours éclairés des professeurs et d'une élite intellectuelle qui veut bien aller à la démocratie.

Ces centres pourront fournir des conférenciers aux petites localités voisines à condition que ces localités payent les frais de déplacement qu'elles occasionnent comme nous l'avons dit précédemment.

Mais quelle que soit l'origine des conférenciers il faut qu'ils aient l'habitude de parler en public, distinctement, *en articulant* exactement de façon à être compris de tout l'auditoire, il faut que leur voix soit bien timbrée et qu'ils n'aient *pas peur de se fatiguer en parlant fort*. A combien de conférences ai-je assisté dans lesquelles les auditeurs placés au fond de la salle n'entendaient rien?

Il faut que le conférencier ne soit pas un prétentieux, il faut qu'il vienne parler librement, *familièrement* en essayant par sa bonne grâce de *captiver la sympathie* de son auditoire.

Il faut que le conférencier se plie à recevoir des conseils de ceux qui le sollicitent à prendre la parole. Il faudrait même que sa bonne grâce le portât à les solliciter, car on ne s'improvise pas plus conférencier que professeur, et il est très utile de parler avec des personnes expérimentées des conférences que l'on doit faire, du sujet que l'on doit traiter, de la façon dont on doit le traiter. Cette discussion permettra au conférencier de *simplifier* sa conférence et de la *mettre bien à portée de son auditoire*.

Combien de nos conférences ne sont pas comprises et lassent, combien détournent même de nos soirées parce qu'elles sont trop savantes, trop genre Bodinière? Il faut que nos conférenciers soient simples et cherchent à faire simple si nous voulons conserver nos auditoires.

Le local. — Le local le plus généralement employé est la salle de l'école ou une des salles de l'école, mais ces locaux ont le défaut d'être en général trop petits et de nécessiter le déplacement des bancs et des tables. On peut remédier à la petitesse en réunissant deux salles lorsqu'elles ne sont séparées que par une cloison mobile. Ce dispositif existe dans beaucoup d'écoles et s'il n'existe pas, on peut demander à la municipalité de bien vouloir le faire exécuter.

Le préau de l'école maternelle est souvent vaste et convient parfaitement après qu'on y a placé des bancs et des chaises.

Dans d'autres localités, la salle de la mairie est vaste et peut être employée pour notre œuvre.

Le théâtre doit, de préférence, être réservé pour les fêtes et les soirées musicales.

La propagande. — Après avoir dressé la liste des conférences qui seront dites, après s'être procuré les ressources nécessaires pour mener à bien une campagne de conférences, après avoir trouvé les conférenciers et le local, il est utile de songer à avoir des auditeurs.

Il est nécessaire pour cela d'entourer les conférences de quelque solennité, de les faire organiser et patronner au moins en apparence par un Comité local formé de notabilités républicaines et affilié, par exemple à la Ligue de l'enseignement (16, rue Miromesnil, Paris), un membre de ce Comité devant présider chacune de ces réunions. La formation de ce Comité devra être mentionné dans le journal républicain de la région.

Quelques jours avant chaque conférence, il faudra fixer sur la porte de l'école une affiche indiquant le sujet, le nom du conférencier et la date de la conférence. On peut faire faire d'avance, par un imprimeur, un certain nombre d'affiches passe-partout sur papier rouge vif dont voici une réduction :

LIBERTÉ - ÉGALITÉ - FRATERNITÉ

LIGUE DE L'ENSEIGNEMENT

Conférences populaires

Le .... à 8 heures 1/2 du soir, dans la salle de l'école publique de garçons, sera faite une causerie sur : ....
par M. ....

Cette conférence sera suivie de ....
par M. ....

Le Président,
X...

Il suffira de remplir les parties pointillées de l'affiche avec une grosse écriture faite en se servant comme plume d'un bâton de bois d'un centimètre au moins de largeur et taillé en lame plate.

Enfin, il est bon de mettre une note dans les journaux et d'envoyer des invitations-programmes, au moins pour la première conférence, de façon à prévenir tout le public. Des invitations-programmes passe-partout sont vendus très bon marché (1 fr. 50 les 500) par la Société nationale de conférences populaires (124, rue des Couronnes, Paris, XXᵉ) ; elles sont un cadre que je reproduis et qu'il suffit de remplir ; le recto porte :

Pour la Patrie, par la plume et par la parole

Semons de bonne graine
Et laissons faire au temps.

SOCIÉTÉ NATIONALE DES CONFÉRENCES POPULAIRES

VEILLÉES RUSTIQUES — COURS D'ADULTES
CONFÉRENCES AU RÉGIMENT

Siège social : 13, place de la Bourse
Secrétariat Général : 124, rue des Couronnes, Paris

SERVICE DES PROJECTIONS LUMINEUSES
au Musée pédagogique de l'État
41, rue Gay-Lussac, Paris

Département de ....

Commune de ....

Académie de ....

M ....

Vous êtes prié d'assister à la soirée instructive et récréative organisée par ....

.... *qui aura lieu le* ....

.... *à* .... *heures* ....

sous la Présidence de M. ....

Salle de ....

Cette invitation est valable pour une famille.

Veuillez agréer l'assurance de notre entière considération,

L'ORGANISATEUR,

Le verso de ces invitations indique :

PROGRAMME

de la Soirée-Conférence

du ——————————————————————————— *190*——

L'École où chacun est admis
D'où l'on exclut toutes les haines,
Est un temple où l'on a le culte des amis
Et des vertus républicaines.

ACHILLE DÉUM.

Ces invitations-programmes peuvent être répandues abondamment par les élèves des différentes écoles publiques (garçons, filles, maternelles) qui les distribueront soit dans leur famille, soit chez les amis de leur famille.

Les conférences. — Arrivons à la conférence elle-même. Mais dès d'abord qu'il me soit permis de dire que je n'emploie le mot « conférence » que parce qu'il est employé par tout le monde et qu'il faut s'en servir pour être compris ; toutefois je le trouve trop solennel ; ce ne sont pas des conférences débitées du haut d'une chaire que nous devons aller porter au peuple, il faut que nous allions parler franchement, avec bonhomie, il faut que nous allions faire « des Causeries ».

Les termes seront simples, les idées exprimées simplement.

Il faut, comme dit M. Crouzet dans son excellent opuscule théorique des conférences populaires, lui parler de ce dont il a déjà entendu parler à l'école primaire, le prendre où l'a laissé l'instituteur et le mener plus loin, sinon sa mémoire ne retiendra rien (1). »

____

(1) P. Crouzet : *Littérature et Conférences populaires*, A. Colin ; 1 franc. — *L'éducation populaire et le peuple. Expériences et projets.* Bibliothèque d'éducation, 15, rue de Cluny, 1 franc.

L'auditoire s'intéressera d'autant plus qu'il comprendra mieux. Il faudra se mettre à sa portée. Ce qui ne veut pas dire qu'il sera interdit d'exposer une idée élevée, car les idées élevées peuvent être dites simplement. Il faut au contraire donner au peuple des idées générales et généreuses ; nous avons à former l'Idéal moderne et humain qui doit remplacer les anciennes formes de penser et de croire. « Il ne faudra, dit M. Crouzet, abaisser l'idéal jusqu'au peuple, que tout juste pour être compris avec l'intention d'élever ensuite le peuple jusqu'à l'idéal ». Il faudra, malgré la forme simple du langage employé dans nos causeries donner au peuple de l'absolu et de la moralité.

Dans ces conditions on pressent combien est difficile le choix des sujets, d'autant plus difficile que les auditeurs ne sont pas tous de même développement intellectuel. Il faut cependant intéresser, instruire et moraliser tout le monde. Cela ne va pas sans une variété sagement limitée, et sans une adaptation très précise du sujet et de l'exposé au niveau intellectuel moyen de l'auditoire. Il faut écarter de parti-pris tous les sujets qui n'apprennent rien au public et s'il convient d'éviter d'élever trop haut le sujet choisi, il faut craindre également de tomber dans le défaut contraire, la banalité et le terre à terre. A dire les choses trop savamment on risque de n'intéresser personne, à les dire d'un point de vue trop bas on risque de paraître trop peu savant. Il faut que l'auditoire se retire toujours avec la certitude d'avoir appris quelque chose de nouveau et d'utile et la satisfaction d'avoir suivi les développements du conférencier sans difficulté et sans indifférence.

Il est bon de remettre aux auditeurs, à la fin de la causerie, un résumé de ce qui a été dit, de façon qu'ils puissent penser par la suite au sujet qui a été développé devant eux. Il reste aussi un souvenir plus durable de la conférence.

Dans le choix des sujets des conférences la neutralité scolaire nous gêne moins que pendant la classe et nous pouvons sans crainte — à condition de rester scientifiquement exact — nous occuper de la vie publique de la nation. Beaucoup de citoyens sont encore loin de connaître toute l'étendue de leurs droits et de leurs devoirs ; il faudra les leur apppendre, s'efforcer de modifier nos mœurs politiques, de rendre le peuple plus digne de la liberté, de l'élever à la vie sociale. C'était le souhait de nos grands ancêtres révolutionnaires.

Voici — comme exemple — les titres de quelques conférences auxquelles j'ai assisté et qui ont produit beaucoup d'action :

Le Concordat.

Séparation des Eglises et de l'Etat.

Constitution civile du clergé.

Le rachat des chemins de fer.

Les impôts sous l'ancien régime.

Les impôts depuis la Révolution. L'impôt sur le revenu.

L'arbitrage international.

La littérature et le peuple.

La déclaration des droits de l'homme.

Histoire des religions.

L'impôt sur le revenu en Suisse.

Le féminisme en Nouvelle-Zélande.

Développement économique des nations modernes.

Le militarisme.

Une vie d'artiste au temps de la Renaissance.

Le problème de la misère.

Les jésuites et leur histoire.

L'empire colonial anglais.

Du choix d'une morale.

Littérature européenne au XIXe siècle.

Ces sujets, tout brûlants qu'ils paraissent, peuvent parfaitement être traités. Il suffit de les développer avec la froide impartialité de l'histoire : faire comme si c'était aux habitants « d'une autre planète » qu'on s'adresse, oublier les polémiques de presse et être uniquement des esprits de sang-froid et de science.

Quant à la durée de la causerie elle-même, il y a intérêt à ce qu'elle *ne dépasse pas 3/4 d'heure* à 55 minutes, de façon que l'auditoire ne soit pas fatigué et trouve que le conférencier a été trop court. Cette sensation le poussera à revenir à la prochaine causerie.

Enfin que la causerie soit *dite* et non *lue* afin d'être assez vivante pour entraîner l'auditoire et pour exercer toute son action. Un très beau discours lu produit beaucoup moins d'action qu'un médiocre discours parlé. Certains conférenciers ont l'habitude de rédiger en entier la conférence qu'ils doivent faire et de l'apprendre par cœur. C'est un procédé qui offre de sérieux inconvénients. Il représente un travail si considérable qu'on n'ose pas le demander, qu'il sert d'excuse aux personnes qui ne veulent pas faire des conférences et qui se retranchent derrière le travail que cet exercice entraîne. D'autre part l'effort de mémoire que fait l'orateur pour se rappeler les termes exacts qu'il doit employer est presque toujours senti par l'auditoire ; le ton est moins naturel et de plus une défaillance de mémoire peut mettre celui qui parle en mauvaise posture. Il vaut bien mieux étudier sérieusement la question à traiter, l'examiner sous toutes ses formes, jeter sur le papier un plan détaillé, réfléchir plusieurs fois à l'avance à ce que l'on doit dire et se fier pour le surplus à l'improvisation qui permet la vivacité du débit, la chaleur de l'expression et l'abondance des explications.

Lorsque le sujet et le plan de la causerie ont été à peu près arrêtés, c'est-à-dire lorsque la charpente de la conférence a été dressée il est bon de construire la conférence elle-même et pour cela il faut lire des ouvrages qui traitent le sujet choisi ou des questions qui s'y rapportent.

Le Musée pédagogique (41, rue Gay-Lussac, Paris) prête des livres aux conférenciers populaires. Le nombre de livres est assez considérable et ils peuvent être utilement consultés, ce qui m'engage à en donner les titres.

MODÈLE DE DEMANDE DE LIVRES

BIBLIOTHÈQUE CIRCULANTE DU MUSÉE PÉDAGOGIQUE

Demande de Livres

NUMÉROS du CATALOGUE	NOMS DES AUTEURS	TITRES DES OUVRAGES

Nom de l'emprunteur :

Fonction ou qualité :

Résidence (département ou commune) :

Bureau de poste desservant la résidence :

Station desservant la résidence :

Compagnie de chemin de fer :

(Dater et signer)

NOTA — La suscription de l'enveloppe devra être ainsi rédigée :

Monsieur le Ministre de l'Instruction publique,
Direction du Musée Pédagogique,
41, rue Gay-Lussac,

(BIBLIOTHÈQUE CIRCULANTE)

PARIS (5ᵉ)

Catalogue de livres mis par le Musée pédagogique à la disposition des Conférenciers populaires.

Nos D'ORDRE	NOMS DES AUTEURS	TITRE DES OUVRAGES	Nombre de vol.	FORMAT	ÉDITEURS	PRIX fort

Œuvres des grands écrivains.

Nos D'ORDRE	NOMS DES AUTEURS	TITRE DES OUVRAGES	Nombre de vol.	FORMAT	ÉDITEURS	PRIX fort
465	Lamartine	Jocelyn	1	In-8°	Hachette	7 50
552	Michelet	Le Peuple	1	Id.	Lévy	3 50
555	Idem	Nos fils	1	Id.	Calman	3 50
60	Molière	Théâtre choisi	1	Id.	Ducrocq	5 00
55	Pascal	Les provinciales. — Edition Michel	1	Id.	Belin	2 00
516	Idem	Les provinciales. — Edition Havet.	2	Id.	Delagrave	7 50
134	Renan	Pages choisies	1	Id.	C. Lévy	3 50
135	Rousseau (J.-J.)	Morceaux choisis.—Edition Fallex.	1	Id.	Delagrave	2 75
149	Idem	Morceaux choisis.—Edition Tarsot et Wissemans	1	Id.	Delalain	2 50
44	Saint-Simon	Scènes et portraits choisis dans les mémoires	2	Id.	Hachette	7 00
68	Shakespeare	Théâtre choisi	3	Id.	Idem	3 75
70	Schiller	Guillaume Tell. — Edition Fix	1	Id.	Idem	2 50
52	Voltaire	Lettres choisies — Edition Fillex.	1	Id.	Delagrave	5 00
137	Idem	Extraits de prose.— Edition Tarsot et Wissemans	1	Id.	Delalain	2 50
530	Idem	Théâtre choisi — Edition Géruzez.	1	Id.	Hachette	2 50

Histoire.

Nos D'ORDRE	NOMS DES AUTEURS	TITRE DES OUVRAGES	Nombre de vol.	FORMAT	ÉDITEURS	PRIX fort
418	Augé de Lassus	Les spectacles antiques	1	In-12.	Hachette	2 50
392	Bernard (F.)	Les Fêtes célèbres	1	Id.	Idem	1 00
476	Carnot (H.)	Révolution française (1789-1792).	1	In-16.	Alcan	0 60
477	Idem	Révolution française (1792-1792).	1	Id.	Idem	0 60
354	Chuquet (A.)	La guerre (1870-1871)	1	In-12	Plon	3 00
478	Combes (L)	La Grèce ancienne	1	In-16.	Alcan	0 60
480	Creighton (M.)	Histoire romaine	1	Id.	Idem	0 60
363	Crozals (J. de)	Histoire de la civilisation. (Cours de 4° année.)	1	In-12.	Delagrave	4 50
		Idem. (Cours de 5° année.)	1	Id.	Idem	4 00
353	Dussieux (L.)	Le siège de Belfort	1	Id	Le Cerf	1 00
351	Fabre (Joseph)	Jeanne d'Arc	1	Id.	Hachette	1 25
341	Guiraud (P.)	Lectures historiques (Classes de 5°) Histoire de la Grèce. (La vie privée et la vie publique des Grecs)	1	Id.	Idem	5 00
342	Idem	Lettres historiques, (classe de 4°.) Histoire romaine. (La vie privée et la vie publique des Romains.)	1	Id.	Idem	5 00
345	Lacour-Gayet	Lectures historiques. (Classe de rhétorique. Histoire des temps modernes 1610-1789)	1	Id.	Idem	5 00

NUMÉROS D'ORDRE	NOMS DES AUTEURS	TITRE DES OUVRAGES	Nombre de vol.	FORMAT	ÉDITEURS	PRIX fort
343	Langlois (Ch. V.).	Lectures historiques (classe de 3e) Histoire du moyen âge (395-1270)	1	In-12.	Hachette	5 00
483	Larivière (Ch de)	Les origines de la guerre de 1870.	1	In-16	Alcan...	0 60
421	Lesbazeilles (E.).	Les colosses anciens et modernes.	1	In-12.	Hachette	1 00
484	Lock (F.).. ...	Histoire de la Restauration.....	1	In-16	Alcan..,	0 60
485	Mahaffy (J.-P.)..	L'antiquité grecque..............	1	id.	Idem..	0 60
344	Mariéjol (J.-H)..	Lectures historiques (cl. de seconde) Histoire du moyen âge et des temps modernes (1278-1610)...	1	In-12.	Hachette	5 00
340	Maspéro (G.)...	Lectures historiques (cl. de 6e) Histoire ancienne (Egypte, Assyrie)	1	id.	Idem..	5 00
424	Menant (J.).....	Ninive et Babylone..............	1	id.	Idem..	1 00
350	Michelet........	Jeanne d'Arc...................	1	id.	Idem..	2 00
355	Monnier (M.),...	Pompéi et les Pompéiens,......	1	id.	Idem..	2 00
447	Niox (général)..	La guerre de 1870 (simple récit).	1	id.	Delagrave..	1 25
486	Quesnel (J.).....	Histoire de la conquête de l'Algérie.	1	In-16	Alcan..,	0 60
416	Roy (Jules).....	L'an mille...................	1	id.	Hachette	1 00
87	Seignobos.......	Histoire de la civilisation........	2	id.	Masson..	6 00
89	Thierry (Aug.)..	Récits des temps mérovingiens..	2	id.	Jouvet...	6 00
90	Idem...........	Essai sur l'histoire du Tiers-État	1	id.	Idem..	1 50
93	Tocqueville.....	L'ancien régime et la Révolution.	1	In-8°.	C Lévy	6 00
375	Verneau (Dr)..,..	L'enfance de l'humanité. — L'Âge de la pierre....................	1	id.	Hachette	1 00
489	Zaborowsky.....	L'homme préhistorique..........	1	In-16.	Alcan...	0 60
474 (1)	Zeller..........	La Gaule et les invasions.....	1	id.	Hachette	2 00
474 (2)	Idem..........	Les Mérovingiens.............	1	id.	Idem..	1 50
474 (3)	Idem..........	Charlemagne et ses successeurs..	1	id.	Idem..	2 00
474 (4)	Idem..........	Avènement des Capétiens. — Philippe-Auguste	1	id.	Idem..	2 00
474 (5)	Idem	Saint Louis. — Philippe le Hardi. — Philippe le Bel.	1	id.	Idem..	1 50
474 (6)	Idem..........	Philippe VI. — Jean le Bon.....	1	id.	Idem..	2 00
474 (7)	Idem..........	Charles V et Duguesclin........	1	id.	Idem..	1 00
474 (8)	Idem..........	Charles VI...	1	id.	Idem..	2 00
474 (9)	Idem..........	Charles VII et Louis XI........	1	id.	Idem..	0 50
474 (10)	Idem	Charles VIII.................	1	id.	Idem..	0 50
474 (11)	Idem..........	Louis XII...................	1	id.	Idem..	0 50
474 (12)	Idem..........	François Ier (1re partie)........	1	id.	Idem..	0 50
474 (13)	Idem..........	François Ier (2e partie)........	1	id.	Idem.	0 50
474 (14)	Idem..........	Henri II...	1	id.	Idem..	0 50
474 (15)	Idem..........	François II et Charles IX,......	1	id.	Idem..	0 50
474 (16)	Idem..........	Henri III et la Ligue..........	1	id.	Idem..	0 50
474 (17)	Idem..........	Henri IV...................	1	id.	Idem..	0 50
490	Zévort (Edg.)...	Histoire de Louis-Philippe.......	1	id.	Alcan...	0 60

Géographie et Économie politique.

NUMÉROS D'ORDRE	NOMS DES AUTEURS	TITRE DES OUVRAGES	Nombre de vol.	FORMAT	ÉDITEURS	PRIX fort
473	Blerzy (A.)......	Torrents, fleuves et canaux de la France	1	In-16.	Alcan...	0 60
384	Capus (Guil.)....	Le toit du monde (Pamir).......	1	In-12.	Hachette	1 00
402	Fonvielle (W. de)	Le pôle Sud.................	1	id.	Idem..	1 00
467	Gourdault (J.)...	L'Europe pittoresque...........	1	In-4°.	Idem..	8 00
408	Idem........	La France pittoresque..........	1	id.	Idem..	8 00
385	Landrin (A.).....	Les plages de la France.........	1	In-12.	Idem..	1 00

N°s d'ordre	NOMS DES AUTEURS	TITRE DES OUVRAGES	Nombre de vol.	FORMAT	ÉDITEURS	PRIX fort
		Géographie et Économie politique (suite).				
144	Lanier.............	L'Europe. — Choix de lectures..	1	id.	Belin....	7 00
145	Idem.........	L'Asie. — Choix de lectures......	2	id.	Idem.	8 00
146	Idem. ...	L'Afrique. — Choix de lectures .	1	id.	Idem..	6 00
147	Lanier............	L'Amérique. — Choix de lectures,	1	id.	Belin....	4 00
491	Nansen (F.).....	Vers le pôle........	1	In-8°.	Flammarion .	10 00
452	Rambaud (A.)...	La France coloniale........	1	id.	A. Colin.	8 00
451	Idem.......	Les nouvelles colonies de la République française................	1	In-12.	Idem..	0 30
107	Reclus (O)........	La terre à vol d'oiseau. ...,.....	2	id.	Hachette.	10 00
		Physique, Chimie et Industrie.				
390	Badin.............	Grottes et cavernes...........	1	In-12.	Hachette....	1 00
391	Baille.............	L'électricité. — Le télégraphe électrique. — La téléphonie........	1	id.	Idem.....	1 00
394	Bouant (E.)....,	Les grands froids............	1	id.	Idem.....	1 00
393	Idem.........	Les merveilles du feu..........	1	id.	Idem......	1 00
475	Brothier (L.)...	Histoire de la terre.............	1	In-16.	Alcan.........	0 60
396	Cazin (Achille).	La chaleur...........	1	In-12.	Hachette......	1 00
397	Idem	Les forces physiques...........	1	id.	Idem.......	1 00
386	Deherrypon (M.).	Les merveilles de la chimie......	1	id.	Idem......	1 00
376	Dieulafait (L.)...	Diamants et pierres précieuses...	1	id.	Idem......	1 00
481	Deneaud (Alf.)..	Histoire de la marine française...	1	In-16.	Alcan......	0 60
362	Fabre (J.-H.)....	Chimie agricole.............	1	id.	Delagrave..	1 25
438	Faraday.........	Histoire d'une chandelle.........	1	id.	Hetzel	3 00
400	Fonvielle (F. de).	Eclairs et tonnerre.............	1	In-12.	Hachette.....	1 00
444	Fouqué (F.)....	Les tremblements de terre.......	1	id.	J. Baillière..	3 50
404	Grafigny (H. de)	Les moteurs anciens et modernes.	1	id.	Hachette....	1 00
405	Guignet (Ch.)...	Les couleurs................	1	id.	Idem......	1 00
372	Guillemin (A.).	La vapeur..............	1	id.	Idem......	1 00
407	Hélène (Max)...	Le bronze.............	1	id.	Idem.......	1 00
408	Idem...........	Les galeries souterraines........	1	id.	Idem......	1 00
406	Idem.........	La poudre à canon et les nouveaux corps explosifs	1	id.	Idem......	1 00
413	Hennebert (L' C°¹)	Les torpilles..............	1	id.	Idem......	1 00
414	Jacquemart (A.).	Les merveilles de la céramique. — 1re partie : Orient. 2e partie : Occident.............	2	id.	Idem......	2 00
415	Lacombe (P.)..	Les armes et les armures........	1	id.	Idem......	1 00
367	Lefebvre (E)....	Le sel.................	1	id.	Idem.......	1 00
383	Marion (E.).....	L'optique...............	1	id.	Idem......	1 00
423	Marzy (E.)......	L'hydraulique.............	1	id.	Idem......	1 00
368	Moitessier (A.).	L'air.................	1	id.	Idem.......	1 00
369	Idem........	La lumière	1	id.	Idem......	1 00
380	Molinier (E.)...	L'émaillerie.............	1	id.	Idem......	1 00
426	Nurjoux (H.)....	Histoire d'un pont..........	1	id.	Idem......	1 00
439	Poiré (Paul)....	Leçons de chimie appliquée à l'industrie.............	1	id.	Delagrave...	5 00
440	Idem..........	Leçons de physique............	1	id.	Idem.. ...	4 00

N°s d'ordre	NOMS DES AUTEURS	TITRE DES OUVRAGES	Nombre de vol.	FORMAT	ÉDITEURS	PRIX fort
		Physique, Chimie et Industrie (suite).				
460	Poiré Paul	A travers l'industrie française.	1	In-4°.	Hachette.....	8 00
427	Portal (C.) et Graffigny (H. de)..	Les merveilles de l'horlogerie,....	1	In-12.	Idem	1 00
388	Radeau (R.).....	L'acoustique ou les phénomènes du son........................	1	In-12,	Idem.......	1 00
389	Idem............	Le magnétisme..............	1	id.	Idem.......	1 00
379	Roger-Milès....	La bijouterie...............	1	id.	Idem.	1 00
419	Sauzay (A.)	La verrerie.................	1	id.	Idem......	1 00
429	Simonin (L.)....	L'or et l'argent	1	id.	Idem......	1 00
431	Ternant (A.-L.).	Les télégraphes.............	2	id.	Idem.....	1 00
325	Tissandier......	La houille. ,....	1	id.	Idem.....	2 25
458	Idem...........	La physique sans appareils et la chimie sans laboratoire........	1	In-8°	G. Masson..	3 00
409	Zurcher et Margollé..........	Les ascensions célèbres..........	1	In-12.	Hachette.....	1 00
411	Idem...........	Trombes et cyclones..............	1	id.	Idem.......	1 00
		Histoire naturelle				
57	Benédan (Van).	Les commensaux et les parasites dans le règne animal..........	1	In-8°.	Alcan.....	6 00
358	Bois (B.).......	Les plantes d'appartement et les plantes des fenêtres..	1	In-12.	J. Baillière.	4 00
204	Bon (De).......	La Pisciculture. — L'Ostréiculture.	1	In-18.	Rothschild .	4 00
359	Bonnier........	Géologie...................	1	In-12.	P. Dupont.	2 50
360	Bonnier et Seignette........	Sciences physiques et naturelles. (Cours supérieur).............	1	Id.	Idem......	1 75
381	Capus..........	L'œuf et les plantes chez les animaux.....................	1	Id.	Hachette....	1 00
470	Chénu (le Dr)...	Encyclopédie d'histoire naturelle, reptiles et poissons............	1	In-4°.	F. Didot....	8 00
472	Idem..........	Encyclopédie d'histoire naturelle, rongeurs et pachydermes.	1	Id.	Idem.....	8 00
471	Idem..........	Encyclopédie d'histoire naturelle, carnassiers..................	1	Id.	Idem.....	16 00
200	Contejean......	Eléments de géologie et paléontologie......................	1	Gr. In-8°.	J. Baillière.	16 00
459	Cornevin (Ch.)..	Des plantes vénéneuses et des empoisonnements qu'elles déterminent..	1	In-8°.	F. Didot...	6 00
357	Coupin.........	L'amateur de coléoptères	1	In-12.	J. Baillière.	4 00
449	Daguillon (A.).	Leçons élémentaires de botanique	1	Id.	Beliu.......	7 50
464	Darwin (Ch.)...	L'origine des espèces au moyen de la sélection naturelle.	1	In-8°.	Schleicher... Hachette....	8 00
399	Deharme.......	Les merveilles de la locomotion..	1	In-12.	Idem.......	1 00
398	Delevean.......	La matière et ses transformations.	1	Id.	J. Baillière.	1 00
437	Dollo (L.)......	La vie au sein des mers.........	1	Id.	Idem......	3 50
401	Fonvieille......	Le monde des atomes...........	1	Id.	Hachette....	1 00
403	Garnier (Ed.)...	Les nains et les géants..........	1	Id.	Idem.......	1 00

Nos D'ORDRE	NOMS DES AUTEURS	TITRE DES OUVRAGES	Nombre de vol.	FORMAT	ÉDITEURS	PRIX fort

Histoire naturelle (suite).

Nos D'ORDRE	NOMS DES AUTEURS	TITRE DES OUVRAGES	Nombre de vol.	FORMAT	ÉDITEURS	PRIX fort
482	Gelkie (A.)	Notions de géologie	1	Id.	Alcan	0 60
445	Girod (Dr)	Les sociétés chez les animaux	1	Id.	J. Baillière	3 50
443	Hamouville	La vie des oiseaux (scènes d'après nature)	1	Id.	Idem	3 50
435	Heuzé (H.)	Les plantes industrielles. — Les plantes textiles	1	Id.	Idem	3 50
446	Lambert (F.)	Les industries des animaux	1	Id.	Idem	3 50
417	Landrin (A.)	Les monstres marins	1	Id.	Hachette	1 00
436	La Rue (A. de)	Les animaux nuisibles	1	In-12.	F. Didot	3 00
365	Layens (G. de) et G. Bonnier	Cours complet d'apiculture	1	In-8°.	P. Dupont	3 50
346	Leclerc du Sablon	Lectures scientifiques (sciences naturelles	1	In-12.	Hachette	5 00
422	Levêque (Ch.)	Les harmonies providentielles	1	Id.	Idem	1 00
456	Lubbock (J.)	Les sens et l'instinct chez les animaux et principalement chez les insectes)	1	In-8°.	Alcan	6 00
454	Idem	Fourmis, abeilles et guêpes	2	Id.	Idem	12 00
377	Maindron (M.)	Les papillons	1	In-12.	Hachette	1 00
455	Marey	La machine animale	1	In-8°.	Alcan	6 00
378	Marion (G.)	Les merveilles de la végétation	1	In-12.	Hachette	1 00
387	Mellion (A.)	Le désert	1	Id.	Idem	1 00
370	Meunier (Mme)	Les sources	1	Id.	Idem	»
425	Meunier (V.)	Les grandes pêches	1	Id.	Idem	1 00
348	Michelet	L'insecte	1	Id.	Idem	3 50
347	Idem	L'oiseau	1	Id.	Idem	3 50
349	Idem	La mer	1	Id.	C. Lévy	3 50
361	Montillot (L.)	Les insectes nuisibles	1	Id.	J. Baillère	»
462	Oustallet	La protection des oiseaux	1	In-8°.	Jouvet	2 00
487	Richard (Ch.)	Origine et fin des mondes	1	Id	Alcan	0 60
453	Romanes	L'intelligence des animaux. = 1° Animaux inférieurs. 2° Vertébrés	1	Id. / In-12.	Idem / Libr. agricole	12 00 / 1 25
432	Sagot et Delépine	Les abeilles. — Leur histoire, leur culture	1	Id.	Jouvet	2 25
356	Sauvage (Dr)	La grande pêche. — Les poissons	1			
430	Sonrel	Le fond de la mer	1	Id.	Hachette	1 00
450	Tieghem (Van)	Eléments de botanique. — 1° botanique générale; 2° botanique spéciale	1	Id. / Id.	Masson / Hachette	10 00 / 1 00
366	Tissandier	L'eau	1	Id.	Deyrolle	3 50
434	Trouessart (Dr)	Histoire naturelle de la France. — 2° partie. — Mammifères	1	Id.	Hetzel	3 50
364	Vallery-Radot	Hist. d'un savant par un ignorant	1			
441	Varigny (H. de)	Curiosités de l'histoire naturelle	1	Id.	A. Colin	3 50
412	Zurcher et Margollé	Les glaciers	1	Id.	Hachette	1 00
410	Idem	Volcans et tremblements de terre	1	Id.	Idem	1 00

Nos D'ORDRE	NOMS DES AUTEURS	TITRE DES OUVRAGES	Nombre de vol.	FORMAT	ÉDITEURS	PRIX fort

Hygiène.

79	Coste (Ad.)......	Alcoolisme ou épargne............	1	In-18.	F. Alcan...	0 60
448	Galtier-Boissière (D^r)	L'enseignement de l'antialcoolisme	1	In-12.	A. Colin....	1 50
352	Legrain (D.)....	Dégénérescence sociale et alcoolisme..	1	Id.	G. Carré....	3 50
222	Proost..........	Douze conférences sur l'hygiène .	1	Id.	Masson.....	2 50
473	Sérieux et Mathieu.	L'alcool.....................	1	In-18.	F. Alcan....	0 60
433	Simon (G.)......	L'art de vivre................	1	In-12.	A. Colin....	3 50

Beaux-Arts.

120	Bayet..........	Précis de l'histoire de l'Art......	1	In-8°	Quantin.....	3 50
460	Bosq (P.)......	Versailles et les Trianons........	1	Id.	Laurens.....	3 50
395	Castel (Albert)...	Les tapisseries.................	1	In-12.	Hachette...	1 00
420	Lasteyrie (de)...	Histoire de l'orfèvrerie..........	1	Id.	Idem...	1 00
428	Pottier (E.).....	Les statuettes de terre cuite dans l'antiquité..................	1	In-8°	Idem....	1 00 / 2 60
469	St-Paul (Anthyme)..	Histoire monumentale de la France..	1	In-4°	Idem....	
461	Tursot et Charlot	Les palais nationaux...........	1	In-8°	Laurens...	3 50
373	Viardot (Louis)..	Les merveilles de la sculpture ...	1	In-12.	Hachette...	1 00
374	Idem.........	Les merveilles de la peinture.....	1	Id.	Idem...	1 00

D'autre part voici les titres d'un certain nombre de brochures, à bas prix, rédigées récemment et avec une documentation précise et moderne. Ces brochures contiennent à peu près les éléments d'une conférence et peuvent, il me semble, rendre de grands services aux conférenciers ruraux pour la préparation de leurs causeries. Il est bien entendu que les causeries ne pourront être une reproduction de la brochure, mais un *exposé vivant et adapté à l'auditoire,* des idées contenues dans l'opuscule.

Liste de quelques collections éditées
pour servir aux causeries populaires

Conférences pour les adultes par Ch. Dupuy, 2 volumes, chez A. Colin, 2 fr. 50 chaque, contenant :

Littérature.

Victor Hugo,
Michelet,
Chateaubriand,
George Sand,
La Patrie d'après les poètes contemporains,
Voltaire.

Histoire. — Géographie. — Voyages.

Madagascar,
L'Edit de Nantes et sa Révocation,
La Chine contemporaine,
Le Japon,
La Triplice et la Duplice,
L'Egypte,
La question d'Orient,
Le Siége de Paris,

Sciences.

Découvertes récentes et Progrès,
Aérostation,
La Terre,
Les manieurs de foudre,
L'éclairage.

Economie politique. — Législation.

La Prévoyance et l'Epargne.
Le prix du pain et ses variations,
La monnaie et le crédit,
Les Coopératives,
Le Commerce,
Nos Impôts,
Le Budget de la France,
La fortune comparée de la France et des nations étrangères,
La réforme de l'impôt des boissons,
Des différentes manières d'acquérir la Propriété.

Agriculture. — Hygiène.

Mortalité dans le jeune âge et hygiène de l'enfance,
La Tuberculose,

Les abeilles,
La Fièvre typhoïde et l'Eau de boisson,
L'Alcoolisme.

Morale. — Instruction civique.

La devise républicaine,
La Solidarité,
La Tolérance,
Le Suffrage universel et le Vote,
Le Drapeau français,
La Déclaration des Droits de l'Homme.

Divers.

Les lectures de l'Adulte,
Le Pain,
Les réjouissances populaires d'autrefois.

COLLECTION DES LIVRES D'OR

pour tous, à 10 centimes

Cornély, n° 101, rue de Vaugirard, Paris.

Les famines,
Les impôts,
Manufactures de Sèvres,
Le Canal de Suez,
Les mines,
Discours de Danton,
La Rage et l'Institut Pasteur,
Le Contrat Social. — J.-J. Rousseau,
Opinions et discours. — Mirabeau,
Affaire Baudin. — Plaidoyer de Gambetta.

COLLECTION DE LA SOCIÉTÉ NATIONALE
DES CONFÉRENCES POPULAIRES

15, Place de la Bourse, 15.

Très nombreuses conférences à 0 fr. 25, dont nous citons
quelques titres :

Histoire des grands ports de France,	*Vionnais* ;
La Genèse de la Terre,	*Lacroix* ;
Les habitations à bon marché,	*Siegfried* ;
La Royauté absolue avant 1789,	*Gounelle* ;
Parmentier et la pomme de terre,	*Dr Collineau* ;
Hygiène de l'enfance,	*Dr Touvenaint* ;
Les grands rendements en agriculture,	*Couteaux* ;
Le roman de l'homme préhistorique,	*Guérin-Catelain* ;
Nos Colonies,	*Thierry* ;
Lazare Carnot,	*André* ;
Le Serment du Jeu de Paume,	*Guérin-Catelain* ;
La Prise de la Bastille,	*H. Mousis* ;
L'épargne et la prévoyance en France,	*Bolle* ;
Madagascar,	*Durand* ;
La poésie populaire et les chansons pay-sannes,	*André Theuriel* ;
Le Général Hoche,	*Trenard* ;
Benjamin Franklin,	*Steeg* ;
L'art grec,	*Augé de Lassus* ;
La nuit du 4 Août,	*Benoît-Lévy* ;
Michel-Ange,	*Bullon* ;
A travers le Tonkin,	*Boisset* ;
Raphaël. Les peintres de la Renaissance,	*Robert* ;
L'économie politique,	*Mesureur* ;
L'alcoolisme,	*Dr Galtier Boissière* ;
La monnaie,	*Zinsmer* ;
Nos pères avant la Révolution,	*Sénéchal* ;
Histoire de l'imprimerie,	*Defrance* ;
Histoire du phonographe,	*Defrance* ;
Restez au village,	*Viron*.

Un grand nombre de ces conférences comporte des projections lumineuses.

JOURNAL « APRÈS L'ÉCOLE »

101, rue de Vaugirard, Paris.

Ce journal a publié de nombreuses conférences avec des vues pelliculaires. (Le numéro avec les projections 0 fr. 50.)

Par exemple :

N° 153. — Le Japon et la guerre Russo-Japonaise ;
138. — Le verre ;

122. — Tolstoï;
136. — Les trois glorieuses ;
        Métiers et ouvriers de l'ancienne France (2 numéros);
126. — La fondation de la première République;
156. — La houille blanche;
109. — Les ballons ;
146. — Victor Hugo;
131. — Rabelais ;
142. — J.-J. Rousseau ;
144. — L'homme des cavernes et l'homme des lacs ;
146. — Le 18 brumaire.

LIVRES D'OR DE LA SCIENCE

chez Schleicher, 15, rue des Saints-Pères, 1 fr.

Les guerres et la paix,	*Charles Richet* ;
Les grandes légendes de l'Humanité,	*Michaud d'Humiac* ;
La photographie de couleurs,	*Ruckert* ;
Les chemins de fer;	*Delaner* ;
La Tuberculose,	Dr *Sicard de Plauzolles* ;
L'électricité et ses applications,	Dr *Foveau de Courmelles* ;
Rayons X,	*Aubert* ;
Histoire et rôle du bœuf dans la civilisation,	*Chaster* ;
Les microbes et la mort,	Dr *J. de Fontenelle*.

LA PAIX PAR LE DROIT

publication mensuelle éditée à Paris, par la « Société nouvelle de librairie et d'édition », 17, rue Cujas.

Abonnement : 2 fr. 50 par an : prix du n° 0 fr. 25.

Contenant de nombreux articles qui peuvent être transformés en conférences, par exemple :

N° de février 1903 : « Patriotisme et civisme ». Conférence faite à l'école militaire de St-Maixent.

N° de juillet 1903 : La question du désarmement.

N° de juin 1903 :

N° d'août-septembre 1903 : L'idéal pacifique par JEAN JAURÈS.
Les parlementaires français à Londres.

N° de décembre 1903 : Visite des parlementaires anglais en France (A noter, parmi bien d'autres, d'éloquents discours de MM. COMBES, président du Conseil, BERTHELOT, Jean JAURÈS.

N° d'avril 1904 : L'accord franco-anglais.

N° de juillet 1904 : L'enseignement laïque du patriotisme.

BULLETIN DE L'UNION POUR L'ACTION MORALE

6, impasse Rossini, 152, rue de Vaugirard, Paris.

(Prix du n° 0 fr. 50. — Abonnement annuel, 10 francs).

De la solidarité dans les faits économiques, par A. FONTAINE, 15 décembre 1900.

Travail intellectuel et travail manuel. Conférence de Ch. GIDE. 15 mars 1901.

A propos du projet de loi sur les retraites ouvrières, par Ch. GIDE, 1er juin 1901.

Le faux patriotisme et le véritable. 1er juillet 1901.

L'organisation corporative, par E. DURKHEIM 15 janvier 1902.

Comment faut-il lire son journal, par P. LAPIE. 1er février 1902.

Le devoir d'être intelligent. Causerie faite à l'école professionnelle d'assistance aux malades, par L BRUNSCHWICG. 15 juin 1902.

Deuxième causerie sur le même sujet. 1er juillet 1902.

La crise de l'apprentissage. 1er août 1902.

L'assurance sociale et ses garanties. 15 juillet 1902.

Les guides de la démocratie. Quinet. 15 juillet 1903.

La libre pensée et les religions positives. G. SÉAILLES. 1er mars 1903.

Le bonheur. Sommaire rédigé d'une conférence faite dans plusieurs Universités populaires. 1er mai 1903.

Le foyer des femmes sans foyer. Causerie de M. DESJARDINS à l'école professionnelle d'assistance aux malades. 1er juin 1903.

La séparation des Eglises et de l'Etat, au point de vue économique, par CH. GIDE. Bulletin de l'Union pour l'Action morale. 1er juillet 1904 ;

Le petit livre des parents éducateurs, par M. BIDARD, professeur à l'école normale de Dax. A demander aux bureaux de l'Association philotechnique, à Paris.

BROCHURES ÉDITÉES PAR LE MUSÉE SOCIAL :

a La situation économique et sociale des Etats-Unis, par M. JULES SIEGFRID.

b Quelques pages d'histoire syndicale belge, par M. LOUIS VARLEY ;

c Les syndicats ouvriers allemands, par M. TAUDEUR.

d Le travail des femmes en France, par Mlle SCHIRMACKER ;

c Les résultats de la loi belge sur les retraites ouvrières, par M. G. SALAUN ;

Vie spirituelle et action sociale, par G. BOUGLÉ, professeur de philosophie sociale à l'Université de Toulouse (édité par Ed. Cornély, 101, rue de Vaugirard, Paris). Prix : 1 fr. comprenant :

a La vie spirituelle et l'organisation économique ;

b L'anticléricalisme et le devoir intellectuel ;

c La crise du libéralisme ;

d La crise du patriotisme ;

e La paix et la femme ;

f Vers la joie par l'action.

PAGES LIBRES

8, rue de la Sorbonne.

Le n° 0 fr. 20. — Abonnement : 8 fr. par an.

Voici quelques titres de n°ˢ :

N°ˢ 110. — Etude sur Edgard Quinet, par HALEVY ;
    139. — L'enfant au xiv° siècle, par BRAUNSSHVIG ;
    55. — Vie et œuvre de John Ruskin-WRIHGT.

Liste de quelques livres et de quelques brochures contenant des conférences populaires.

Discours.

Pour l'école laïque,	JACOB.	Cornély	1 fr.
Pour la raison,	LAPIE.	—	1
Pour la démocratie française,	BOUGLÉ.	—	1
Vie spirituelle et action sociale,	BOUGLÉ.	—	1
Solidarisme et libéralisme,	BOUGLÉ,	—	1 fr. 50

Littérature.

Edgar Quinet, conférence publiée dans la Revue pédagogique, 15 mars 1903 Delagrave ;

Victor Hugo, pages libres n° 61. Mars 1902, 0 fr. 20.

L'Espéranto dans Pages libres, 0 fr. 20.

Condorcet, par M. OLIVE, dans le Bulletin de l'instruction publique de l'Aude, n° 233 ;

Le théâtre du peuple de Bussang, Pages libres, 0 fr. 20.

Art.

Précis d'histoire de l'art, par C. BAYET, Quentin;
Qu'est-ce que l'art? par TOLSTOÏ, Perrin, 3 fr. 50;
L'éducation du goût, par PÉLISSIER, Hachette, 0 fr. 25.

Sciences.

La science anecdotique, FÉLIX HÉMENT, Delagrave, 1 fr. 25;
Précis d'hygiène pratique, Dr ABADIE, imprimerie Delord-Bochin, Montpellier, 0 fr. 25;
Collection de livres de vulgarisation sur la médecine, Dr MONIN chez Doin. En particulier « La santé par l'exercice », 4 fr.;
Collection de la bibliothèque de Merveilles, Hachette, 1 fr. 50, par exemple « Les plages de la France », par LANDRIN;
Tabac et tabagisme, Dr COURRENT, de Tuchan;
La vie d'un savant racontée par un ignorant (vie de Pasteur), par VALÉRY RADOT;
La physique sans appareil. La chimie sans laboratoire, par TISSANDIER, Masson;
Tuberculose et misère. La lutte contre la tuberculose, Pages libres, 0 fr. 20.

Philosophie.

Questions de morale et d'éducation, BOURROUX, Delagrave, 1 fr. 25;
La philosophie du peuple, GACHE Picard et Kaan, 3 fr. 50;
L'école du citoyen, PÉRIÉ, Gédalge;
Conférence sur Kant, Revue pédag., Delagrave (15 mai 1904);
Cours de morale de J. PAYOT, Colin, 2 fr. 50;
L'éducation du peuple, GACHE, Picard et Kaan, 3 fr. 50;
Irréligion de l'avenir, GUYAU, Alcan, 7 fr. 50;
Pages choisies de GUYAU, Colin, 3 fr. 50;
La religion, la morale et la science, BUISSON, Fischbacher, 2 fr. 75;

Pour la liberté de conscience, conférences populaires par Bouglé, Darlu, Lottin, etc., Cornély, 2 fr. ;

Les affirmations de la conscience moderne, Séailles, Collin, 3 fr. 50.

Histoire.

Dix ans d'études historiques, Aug. Thierry, Furne, 45, rue Saint-André-des-Arts, 2 fr. ;

Histoire de l'Inquisition au moyen âge, Léa, Société nouvelle, 17, rue Cujas ;

L'Inquisition, Daniel Halévy, résumé publié par Pages libres, n° 43, 0 fr. 20 ;

Dans l'œuvre de Lamartine il y a des biographies remarquables qui constituent autant de conférences :

        Christophe-Colomb ;

        Guillaume Tell ;

        Gutemberg ;

        Cromwell, etc.,

(on peut emprunter ces livres à une bibliothèque publique).

Le catalanisme, Cambo, Pages libres, 0 fr. 20 ;

Deux conférences sur le Japon, Higoutchi, Pages libres ;

Le 4 septembre 1870, Rauu, Pages libres ;

Les esprits directeurs de la pensée française, Suran, Schleicher ;

L'école du citoyen, Périé, Gédalge ;

Histoire politique de l'Église catholique (édité par Pages libres), 7 volumes : 1 fr. 50 vendus séparément, (7 fr. la collection complète.) ;

I. — L'église et l'empire romain. De l'étable de Bethléem au dôme de Sainte-Sophie, par Delaisi ;

II. — L'église au moyen-âge. Papes, moines et conciles, par Rebillon ;

III. — L'Église et le xvie siècle. Borgia et Sixte-Quint, par Luchaire ;

IV. — L'Église de France au xvii° siècle. Le trône et l'autel,
  par Musset ;

V. — L'Eglise et la Révolution française. Des cahiers de 1789
  au Concordat, par Brizon ;

VI. — L'Eglise et les Etats. Trois exemples de séparation, par
  La Chesnais ;

VII. — L'Eglise au xix° siècle. Cléricaux, gouvernementaux et
  révolutionnaires, par Gueysse ;

Le 14 juillet 1789, Maurice Rahu, Pages libres, n° 80, 0 fr. 20 ;

Abrégé de l'histoire des rapports de l'Eglise et de l'Etat en
France, Débidour, Dubois, Sarthou, chez Alcan, 0 fr. 60 ;

Précis historique de la loi Falloux, Robert Dreyfus, Pages
libres, n° 105, 0 fr. 20.

Sociologie.

L'énergie française, Hanotaux ;

La République parlementaire, de Lockroy ;

Les impôts sous l'ancien régime, par Prévandeau ;

Les impôts depuis la Révolution, par Prévandeau, collection
de la bibliothèque scientifique des écoles et des familles, chez Gau-
thier, 55, quai des Grands Augustins, 0 fr. 15 chaque volume ;

Précis d'économie politique, par Leroy-Beaulieu, Delagrave.
(Considéré comme retardataire sur certains points, peut toutefois
donner de très utiles indications.)

La Cité moderne, Izoulet, Alcan, 7 fr. 50 ;

Les villes tentaculaires, par Vandervelde ; Dans le mouvement
social, 1899. Librairie nouvelle, 17, rue Cujas ;

Du contrat social, J.-J. Rousseau, Bibliothèque nationale,
0 fr. 25 ;

Etude sur le contrat social, Pages libres, n° 144 (octobre 1903)
0 fr. 20 ;

Les chemins de fer, Pages libres, n. 120, 0 fr. 20 ;

L'Hygiène sociale, Duclaux, Alcan, 6 fr. ;

La déclaration des Droits de l'Homme et du Citoyen.
Texte avec commentaire, BLUM, Alcan, 3 fr. 85.
Conférence, ALENGRY, 1 fr.
Expliquée et accompagnée de lectures, LÉON BOURGEOIS,
Cornély, 0 fr. 40.
Essais sur le mouvement ouvrier en France, DANIEL HALÉVY,
Société nouvelle de Librairie, 3 fr. 50.

Lectures. — Les causeries populaires ne sont pas les seuls délassements intellectuels que nous puissions offrir au peuple. Nous avons également les lectures commentées dans lesquelles nous faisons précéder d'une courte explication sur une œuvre ou sur un auteur une lecture des fragments les plus saillants de l'œuvre.

Si on lit une pièce de théâtre ayant plusieurs personnages, il sera bon d'avoir plusieurs lecteurs, chacun d'eux remplissant un rôle. Mais ces lecteurs ne doivent pas jouer, ils doivent lire, ils doivent se souvenir qu'ils ne sont pas sur la scène d'un théâtre mais dans une salle de conférences. Ils doivent certainement accentuer ce qu'ils disent, le souligner même de quelques gestes discrets, mais ils doivent lire et non déclamer. La personne qui dirige la lecture explique toutes les coupures et donne le caractère de chaque personnage et de l'œuvre par quelques brefs développements.

Les chefs-d'œuvre anciens et modernes, français ou étrangers fournissent un trésor presque inépuisable d'œuvres moralisatrices ; mais il est entendu qu'on ne lira que des œuvres supérieures et qu'on éliminera impitoyablement les médiocres.

On s'adressera par exemple :

EN LITTÉRATURE :

Livre de mon ami, L'Orme du mail, M. Bergeret à Paris; Crainquebille, de ANATOLE FRANCE.
Lettre de mon moulin, ALPHONSE DAUDET;
Le Petit Chose,   id.

Sans famille, HECTOR MALOT ;

Tartarin de Tarascon, ALPHONSE DAUDET ;

La Mare au Diable, GEORGES SAND ;

Grand-Père, VICTOR HUGO ;

Les Contemplations, Hernani, Ruy-Blas, Les Châtiments, de
VICTOR HUGO ;

La Muse et l'Ouvrier, BOUCHOR, Flammarion : 0 fr. 20 ;

Les Contes de Perrault (avec coupures), Collection Guillaume :
2 francs ;

L'Eglantine et le Citoyen, BOUCHOR, Pages libres : 0 fr. 20 ;

Le Gendre de M. Poirier, E. AUGIER ;

La Grammaire de LABICHE :

Voyage de M. Périchon, id. ;

Le misanthrope et l'Auvergnat, id. ;

Un Chapeau de paille d'Italie, id. ;

La Cagnotte, id. ;

Gil Blas (avec coupures), LESAGE ;

Le Mariage de Figaro, BEAUMARCHAIS ;

Le Barbier de Séville, id.

Collection des meilleurs auteurs de la librairie de la Bibliothèque
nationale, Passage Montesquieu, Paris : 0 fr. 25 ;

Par exemple : Illiade d'HOMÈRE ;

Macbeth de SHAKESPEARE ;

Don Quichotte de CERVANTÈS ;

Collection Boitel de lectures littéraires de chez Colin : 1 fr. 75 ;
qui possède les principaux passages à lire et les commentaires qui
les encadrent, par exemple : Molière, utile pour lectures populaires;

Corneille, Racine, Voltaire.

Lectures géographiques de LANIER ;

Diderot, Pages choisies, Collection Colin.

La Terre qui meurt de RENÉ BAZIN.

Chanson de Roland, BOUCHOR ;

Roi Lear, id.

Belle au Bois dormant, id.

Paul et Virginie, de BERNARDIN DE SAINT-PIERRE;

L'association philotechnique publie un répertoire de lectures populaires à 1 fr., chez Hachette dont je citerai :

De Victor Hugo (Les Châtiments, l'Année Terrible);

Voltaire (Zadig, Jeannot et Colin) ;

Corneille (Le Cid, Horace);

Molière (L'avare), etc .. (toute la collection est à recommander).

PHILOSOPHIE :

Une élève de 16 ans, LEGOUVÉ;

Nos pères et nos fils,   id.

La Bible de l'humanité, de MICHELET, 3 fr. 50;

Nos fils,   id.

Le Peuple,   id.

L'Oiseau,   id.

La Femme,   id.

La Marseillaise de la Paix, par LAMARTINE, avec une étude de G. Raphaël, Cahiers de la Quinzaine, 8, rue de la Sorbonne : 1 fr.

Le Monde marche, E. PELLETAN, Germer-Baillière : 3 fr. 50;

La vie de Jésus, RENAN, Calmann-Lévy : 1 fr. 25;

Travail, ZOLA, passages, Charpentier : 3 fr. 50;

Pages choisies, de ZOLA, chez Colin : 3 fr. 50;

SCIENCES :

La pluralité des mondes, FONTENELLE ;

Une Bouchée de pain, JEAN MACÉ;

Souvenirs entomologiques, FABRE;

Lectures scientifiques, BAUDRILLARD, Delagrave;

HISTOIRE :

Dix années d'études historiques, AUG. THIERRY;

Jeanne d'Arc, MICHELET;

Histoire de la Révolution (Premier chapitre), Louis BLANC ;
Edgard Quinet, Extraits de ses œuvres publié à l'occasion du
    centenaire, Hachette ;
Histoire de la Révolution, JAURÈS.

GÉOGRAPHIE :

Récits de Voyage, LIVINGSTONE
        id.   BONVALOT ;
Vers le Pôle, NANSEN ;
Voyage en France, H. ARDOUIN-DUMAZET ;
Le Désastre, P. et V. MARGUERITE ;
La Débâcle, de ZOLA.

Projections lumineuses. — Les projections lumineuses
sont nécessaires pour illustrer un certain nombre de conférences,
elles ont l'avantage de placer devant les yeux les objets dont parle
le conférencier et de rendre la causerie plus attrayante, et plus
concrète.

Mais toutes les conférences ne comportent pas des projections
lumineuses et il ne faut pas projeter sur l'écran sans nécessité, de
même que les projections ne doivent représenter que des objets
sérieux et ne doivent pas être employées dans le cours de la conférence pour faire défiler des sujets purement humoristiques ; l'appareil à projections ne doit pas devenir une lanterne magique.

Il y a avantage à présenter quelques projections d'art à la fin
d'une conférence qui ne comporte pas de projections.

Voici la liste des boîtes de clichés prêtés gratuitement par le
Musée pédagogique à tout conférencier qui en fait la demande.

MINISTÈRE DE L'INSTRUCTION PUBLIQUE ET DES BEAUX-ARTS

Service des Projections Lumineuses
du Musée pédagogique

41, Rue Gay-Lussac.

Catalogue (¹) des Collections de vues mises en circulation

(Les astérisques (*) indiquent les collections accompagnées d'une notice.)

SÉRIE A. — 1° **Histoire.**

Premiers temps de la Gaule.
Musée Gallo-Romain de Saint-
  Germain :
  1° La Gaule aux âges de la
pierre et du bronze ; (*)
  2° La Gaule aux âges du
fer jusqu'à la conquête romaine ; (*)
  3° La Gaule romaine ; (*)
  4° La civilisation de la
Gaule romaine ; (*)
  5° La Gaule chrétienne et
la Gaule franque. (*)
Premiers temps de l'Histoire de
France (jusqu'à Saint-Louis).

Moyen Age.
Histoire (496 à 1745) (vues en
  couleurs).
Capétiens (de 987 à 1307).
Les Croisades : Saint-Louis.
Guerre de Cent ans ; Jeanne
  d'Arc.
Jeanne d'Arc.
Les Valois, les Châteaux Renais-
  sance.
De Louis XI à Henri IV.
La Ligue et Henri IV.
La réforme (Guerres de reli-
  gion). (*)
Henri IV et Louis XIII.

---

(1) Bien que le nombre des collections de chaque série soit généralement proportionné aux besoins prévus, il peut arriver que, pour certaines collections, l'abondance des demandes ne permette pas de donner à aucune une satisfaction immédiate.

Série A. — 1° **Histoire** (*suite*)

Minorité de Louis XIV: La Fronde.
Louis XIV : Gouvernement personnel.
Louis XIV : Politique.
Louis XIV : Science et Lettres.
Louis XIV (règne entier).
Révocation de l'Edit de Nantes (*)
Louis XV.
Louis XVI et la Révolution.
Louis XVI (jusqu'à 1789).
Les Etats généraux et la Constituante. (*)
La Législative. (*)
Les grands hommes de la Révolution.
Patriotisme.
Révolution.
La Bastille.
Convention.
Convention (20 septembre 1792-21 janvier 1793). (*)
Convention (21 janvier 1793-3 octobre 1793). (*)
Convention (3 octobre 1793 à la fin de la Convention). (*)

Convention (Histoire militaire). (*)
Une visite aux Archives nationales (Documents o:iginaux de l'histoire de France). (*)
Directoire.
Directoire et Consulat.
Premier Empire.
Directoire, Consulat, Empire.
La Révolution et l'Empire.
Les deux Restaurations.
Monarchie de Juillet.
Conquête de l'Algérie.
Histoire contemporaine.
II° Empire :
    1° La politique et la guerre ; (*)
    2° Lettres et Beaux-Arts ;
    3° Sciences et Industries
Guerre de 1870.
Guerre de 1870 :
    Armée du Rhin ; (*)
    — de province; (*)
    Siège de Paris ; (*)
    Héros de 1870. (*)
Paris (Scènes historiques).

Série A. — 2° **Beaux-Arts.** (1)

L'Art antique Egypte, Assyrie, Perse. (*)
    — Grèce. (*)
    — Rome. (*)
Fouilles de Troie.
Histoire de l'Art : Pompéi.
Art antique au Louvre. (*)

La Sculpture Française d'après le Musée de moulages du Trocadéro :
    1° Avant le XVI° siècle ; (*)
    2° Depuis le XVI° siècle ; (*)
Architecture religieuse.

---

(1) Voir aussi à Histoire et Géographie.

SÉRIE A. — **2° Beaux-Arts** (*suite*)

Peinture au Musée du Louvre :
  1° Ecole française ; (*)
  2° Ecoles étrangères. (*)
Peinture française au XIXᵉ siècle (musées de province et collections particulières).
Musée du Luxembourg. (*)
  — de Cluny. (*)
Visite à Versailles.
  — à Chantilly.
Visite à Fontainebleau.
Visite à Pierrefonds.
Chateaux historiques français. (*)
Centres artistiques de l'Italie. (*)
Peinture italienne. (*)
Michel-Ange. (*)
Raphaël. (*)

Peinture flamande. (*)
Peinture hollandaise. (*)
  — allemande et anglaise. (*)
Peinture espagnole. (*)
Art arabe. (*)
L'Art français des origines à 1800, d'après les collections du Petit Palais :
  1° Moyen Age et Renaissance ; (*)
  2° XVIIᵉ et XVIIIᵉ siècle. (*)
L'Art française des originesles collection du Grand Palais :
  1° De 1800 à 1848 ; (*)
  2° De 1848 à 1900. (*)
Visite au Musée Carnavalet. (*)

SÉRIE B. — **Géographie ; Voyages.**

Le monde.

Europe pittoresque.
Expédition navale au Pôle Nord (Andrée).
Leçons graduées de Géographie sur les cinq parties du Monde.
Le Pôle Nord.
Révision des cinq parties du Monde.

La France.

Alpes.
Alsace. (*)
Auvergne.
Bretagne (Basse-). (*)
Bretagne (Haute-).
Bretagne et Normandie.
Causses de la Lozère. (*)

Champagne.
Châteaux et Monuments.
Corse.
Costumes de France et des colonies.
Dauphiné.
France.
  — Centre.
  — Nord et Est. (*)
  — Nord et Ouest.
  — Sud et Est.
  — Sud et Ouest.
Glaciers.
Languedoc (Haut-).
Lorraine.
Maine et Anjou. (*)
Midi.
Midi-Pyrénéen.

Série B. — **Géographie; Voyages.** (Suite.)

Mont Blanc.
Mont Saint-Michel.
Normandie (Basse-). (*)
Normandie (Haute-). (*)
Nos grands Ports.
Ports de commerce.
Ports de guerre.
Paris. (*)
— Environs de Paris. (*)
Picardie.
Poitou. (*)
Provence.
Pyrénées.
Savoie.
Touraine et Orléanais (*)

Colonies françaises.

Algérie.
Algérie et Tunisie.
Algérie (Collection du Comité
   Dupleix).
Cambodge (Exploration Fourne-
   reau.)
Congo, Côte d'ivoire.
Colonies (ensemble).
Dahomey.
Guadeloupe. (*)
Guadeloupe et Martinique.
Madagascar (ensemble de l'île).
— (Tananarive).
Nouvelle-Calédonie.
Nouvelle-Calédonie. (Collection
   Dupleix).
Sénégal et Haut-Sénégal.
Tahiti. (*)
Tonkin (Collection Dupleix).
— Expédition au Tonkin.
Tunisie.
— Collection Dupleix.

Niger.

Europe.

Allemagne.
— Berlin et Postdam (*)
— bords du Rhin. (*)
Grande-Bretagne : Angleterre.
— Londres, Ecosse
   et Irlande.
Autriche-Hongrie.
Autriche : Vienne et Schœnbrunn
— Bohême, Styrie et Dal-
   matie.
— Hongrie.
Bavière.
Belgique :
— Bruxelles, Anvers,
   Malines, etc. (*)
— Gand, Bruges, la
   Meuse. (*)
Danemark.
Espagne :
— Barcelone, Saragosse,
   Tolède et l'Escurial (*)
— Burgos, Ségovie, Fon-
   tarabie. (*)
— Cordoue, Grenade,
   Murcie, Cadix, Gi-
   braltar. (*)
— Madrid, la Granja,
   Valladolid, etc. (*)
— Séville. (*)
— Valence.
Grèce.
Hollande. (*)
Italie (ensemble). (*)
— Florence. (*)
— Naples, le Vésuve, Pompéi
   et Palerme. (*)

SÉRIE B. — **Géographie; Voyages** (*suite*)

Italie Rome. (*)
— Venise. (*)
Norvège.
Portugal.
Russie.
Transibérien.
Suède.
Suède et Norvège.
Suisse.
— Costumes suisses.
Suisse et Italie.
Turquie.
— Constantinople.

Asie.

Asie Mineure.
Chine et Japon.
Chine : Pékin, Armée chinoise, Supplices. (*)
— Les Ports du Nord au Sud, la Vie chinoise. (*)
Siège de Pékin
Syrie et Palestine.
Environs de Jérusalem.
Indo-Chine.
Jérusalem.
Les Indes.
Perse.
Types et Costumes d'Orient.
Le Siam.

Afrique.

Abyssinie.
Alexandrie et le Caire.
Canal de Suez. (*)
De Paris à Tripoli.
Egypte.
Haute-Egypte et Nubie.
Maroc.
Transwaal.
Voyages de Brazza et de Stanley.
Voyages de Serpa Pinto.

Amérique.

Amérique du Nord.
Terre-Neuve.
Canada.
Canal de Panama.
Chili.
Christophe Colomb et la découverte de l'Amérique.
Cuba.
Havre à San-Francisco.
Mission Charney et Centre de l'Amérique.
Niagara.

Océanie.

Australie.

SÉRIE C. — **Sciences:** 1° *Histoire naturelle et Hygiène.*

Histoire naturelle.

Géologie et Paléontologie.
Phénomènes ignés. (*)

Phénomènes actuels.
Volcans et tremblements de terre
Animaux disparus. (*)

SÉRIE C. — **Sciences :** *1° Histoire naturelle et Hygiène (suite).*

Les Plantes disparues. (*)
L'Homme préhistorique. (*)
Temps préhistoriques.
Races humaines.
La Spéléologie (explorations dans les cavernes souterraines). (*)
Système nerveux.
Circulation. (*)
Digestion. (*)
Respira'ion.
Système musculaire. Locomotion. (*)
Expression des émotions chez les hommes et chez les animaux. (*)
Organe des sens. (*)
Glandes et Sécrétions. (*)
Vol, Reptation, Natation. (*)
Promenade aux Jardins zoologiques.
Les Carnassiers. (*)
Bêtes de somme.
Races de bœufs, moutons et porcs.
La vie au fond des mers. (*)
Mammifères marins. (*)
Oiseaux et mammifères nuisibles. (*)
Les oiseaux (grands rapaces). (*)
Les oiseaux utiles. (*)
Les nids. (*)
Reptiles et Amphibiens. (*)
La Vie dans les Eaux. (*)

La culture dans les eaux. (*)
Poissons. (*)
Mœurs des poissons.
Les animaux de la plage. (*)
Insectes et araignées. (*)
Maladie des vers à soie. (*)
Industrie des animaux. (*)
Moyens de défense des insectes (*)
Ravageurs des forêts. (*)
Les rongeurs. (*)
Ce qu'on voit dans une mare (*)
Ce que le microscope permet de voir dans la nature. (*)
Les forêts, les bois et les plaines
Les plantes de grande culture. (*)
La plante. (*)
Plantes curieuses (*)
La fleur. (*)
Le Tabac.
Café, cacao, thé. (*)
Champignons. (*)
Les Oseraies.
Fleur, fruit, graine (collection Paul Bert).
Anatomie humaine (collection Paul Bert).

Hygiène.

Hygiène.
Institut Pasteur.
Alcoolisme. (*)
Ce que le microscope permet de voir dans le corps. (*)
Tuberculose. (*)

SÉRIE C. — **Sciences:** 2° *Physique.*

Physique.

Chute des corps. Balance, pendule et Hydrostatique.
Pesanteur. Densités et poids.
Liquides, pression, poids spécifique des solides.
Les gaz.
La chaleur.
Optique et acoustique.
Electricité et Magnétisme.
Froid artificiel.
Machines d'induction et moteurs électriciques.
Télégraphe, téléphone, phonographe.
Galvanoplastie.

Les Ballons. (')
Les Aérostats.
Denis Papin et la vapeur.
Rayons X. (')
Phénomènes atmosphériques.
Electricité et Foudre.
Télégraphie sous marine.

Astronomie et Météorologie

Cosmographie :
1° La Terre et le Soleil ;(')
2' La Lune et le Système planétaire. (')
Météorologie. (')
Météorologie : Climatologie ; instruments météorologiques; appareil enregistreurs.

SÉRIE C. — **Sciences :** 3° *Chimie.*

Oxygène, Azote, Ozone, Hydrogène, Air.
L'Eau dans la nature.

Sel ; Soufre et dérivés ; Porcelaines ; Chaux et Plâtre.
Le Diamant. (')

SÉRIE C.— **Sciences appliquées:** 4° *Agriculture,*
Horticulture et Apiculture.

Machine agricoles (')
Expérience agricoles. (')
Le nitrate de soude (comme engrais). (')
Les Abeilles.

L'Apiculture. (')
Insectes de la vigne. (')
Champignons de la vigne. (')
Le Greffage. (')

Série C. — **Sciences appliquées:** 5° *Machine,*
Industrie, Art militaire et Marine.

Machines simples. (*)
— motrices. (*)
— à vapeur. (*)
Mines et Carrières. (*)
Verrerie. (*)
Céramique. (*)
Les Chemins de fer. (*)
Le Saut du cheval.
Le Cyclisme.
Métiers, Armes, Meubles.
La Cloche à plongeur et sca-
phandrier. (*)
Câbles et Télégraphes sous ma-
rins. (*)
L'Industrie du Fer. (*)
Le Tissage. (*)
L'Eclairage (*)
Traction électrique. (*)

L'Industrie des huiles et des
Savons. (*)
L'industrie du sucre. (*)
Le Tir. (*)
L'alcool industriel.
L'Imprimerie. (*)
Industrie du pétrole.
Histoire de l'Imprimerie. (*)
L'Industrie du papier. (*)
Lait, beurre et fromage. (*)
Vin, bière, cidre, vinaigre. (*)
Art Militaire. (*)
Marine. (*)
La monnaie. (*)
L'Industrie du Liège. (*)
Marine de guerre.
Torpilleurs et sous marins. (*)
Anthropométrie. (*)
Les ponts. (*)

Série D. — **Divers.**

Paris moderne (Scènes pitto
resques).
Scènes de la vie militaire.
La vie aux champs.
— à la campagne.
Exposition universelle de Paris
en 1889.
Les femmes célèbres.
Fêtes Franco-Russes.
La vie du soldat :
1° à la caserne ;
2° sous la tente.
Visite aux Invalides.

Les fêtes populaires.
Voyages présidentiels.
Prévoyance et Mutualité.
Le Familistère de Guise. (*)
Les grands Travailleurs.
Histoire de l'habitation.
La vie du Marin.
Les existences problémati-
ques. (*)
Exposition universelle de 1902 :
1° Le Palais de la rue des
Nations ;

SÉRIE D. — **Divers** (suite).

2° Les Invalides et les Champs-Elysées ; (*) — Types et costumes de l'Exposition de 1900.
3° Le Champ de Mars ; — Uniformes de l'armée allemande.
4° Le Trocadéro. (*) — Fables de La Fontaine.

L'Association de la Paix par le droit met gratuitement à la disposition de ses adhérents des séries de vues pour projections lumineuses sur la Guerre, la Paix armée et l'Arbitrage ; s'adresser à l'Administration, rue Monjardin, 10, Nîmes.

Musique. — Chants. — Les causeries populaires doivent être agrémentées de temps en temps par de la musique et par des chants.

Je redirai pour la musique ce que je disais pour la littérature, il ne faut pas exécuter des œuvres médiocres, il ne faut faire entendre que des œuvres supérieures : de grands opéras, nos meilleurs opéras-comiques, ou encore mieux de la musique classique.

Il suffit d'un petit nombre d'exécutants ou à la rigueur d'un piano.

Voici, sans aucune prétention une

LISTE DE QUELQUES MORCEAUX DE MUSIQUE :

Morceaux patriotiques. — La Marseillaise, Orchestration de — *Domergue* ;
Musique classique. — Marche nuptiale du songe (grand orchestre), — *Mendelssohn* ;
Gavotte d'Armide (flûte et cordes,) — *Gluck* ;
La berceuse de Jocelyn, — *Benjamin Godard*
Trio pour violons, — *Beethoven* ;
Entr'acte Gavotte de Mignon, — *A. Thomas* ;
Marche turque (grand orchestre.) — *Mozart* ;
Romance de la Symphonie, (la Reine) flûte et cordes, — *Haydn* ;

* Final de l'enlévement au Sérail pour cordes,   *Mozart ;*
* Manuel de la Sonate en Si 6 (grand orchestre),   *Wagner ;*
* Marche hongroise (grand orchestre),   *Schubert ;*
* Andante de la Sonate Pathétique (petit orchestre,   *Beethoven ;*
* Hymne d'Iphigénie en Tauride (cordes),   *Gluck ;*
* Final d'Oberon (violon),   *Weber ;*
* Menuet de la Symphonie en fa (corde),   *Mozart ;*

Morceaux divers. — Le normalien, pas redoublé (grand orchestre,   *P. Marthe ;*
Marche triomphale   id.   *Corbin ;*
Le bouquet de violettes schottisch (grand orchestre),   *Govignon ;*
Marche de la jeune mariée (grand orchestre),   *Corbin ;*
Trio pour violons,   *Ch. Dancla ;*
Marche des petits Pierrots (grand orchestre),   *Bosc ;*
* La fille du Régiment fantaisié (grand orchestre),   *Donizetti ;*
Le Rouet de la Reine, Menuet (petit orchestre),   *Bosc ;*

Morceaux divers :

Louise de Candolle, schottisch (grand orchestre),   *Danian ;*
Gloire aux Femmes, mazurka (grand orchestre),   *Strolb ;*
Marche à l'étoile (avec projections).

(*) Les morceaux précédés d'une astérisque ont été orchestrés par M. Estragon, professeur de l'école normale de Carcassonne, pour un orchestre de débutants.

Chants avec accompagnement d'orchestre :

'Les Oiseaux, romance pour baryton,   *Guilhot ;*
' Vieux souvenirs, chanson pour baryton,   *Baichère ;*
Faust. Souviens-toi du passé, basse,   *Gounod ;*
' La Garonne, chanson pour ténor,   *Nadaud ;*
Les Noces de Jeannette. Romance à
   l'aiguille,   *Massé ;*
Faust, chanson du roi de Thulé,   *Gounod ;*
' La Fédérale (chœur d'enfants),   *Massenet ;*
' Le chant des écoliers (ch. d'hommes),   Mélodie populaire
' Le Petit Poucet, avec chants de Lulli,
   Mozart,   *Beethoven ;*

Morceaux de chant avec accompagnement de piano :

Romance de Mignon,   *Ambroise Thomas;*
Noces des Figaro Mon cœur soupire,   *Mozart ;*
Malédiction de la Juive,   *Halévy ;*
Jeannot et Colin, air,   *Izouart ;*
Haydé, Il dit,   *Auber ;*
Hérodiade, Il est doux (air de Salomé),   *Massenet ;*
Air de Sapho,   *Gounod ;*
La Reine de Saba, cavatine, (air de
   Balkis),   *Gounod ;*
Faust, ballade du roi de Thulé,   *Gounod ;*
Paris et Héléna, Ah ! d'un cœur trop
   épris,   *Gluck ;*
Air du Cid,   *Massenet ;*
Les Saisons, moitié de l'air « Ah ! pour-
   quoi suis-je revenue »,   *Massé ;*
En chemin,   *Holmès ;*
Sérénade,   *Schubert ;*
Paysage,   *Reynaldo Hahn ;*
Romances,   *Massenet ;*
Chansons et musettes,   *Francis Thomé ;*
Chants populaires pour les écoles, chez
   Hachette,   *Bouchor, 0 fr. 75.*

(*) Les morceaux précédés d'une astérisque existent également avec accompagnement de piano).

Liste des morceaux de chants qui sont prêtés gratuitement par la Société nationale des conférences populaires ou qui sont cédés au prix de 0 fr. 15, 24, rue des Couronnes, Paris.

CHŒURS A TROIS VOIX :

Les jeunes Français,	*E. Besançon* ;
Le départ des matelots,	*Blavet* ;
Fête du village,	*Brun* ;
Liberté ! Egalité ! Fraternité !	*Chollet* ;
Ecole et Patrie,	»
L'alouette,	*Dupont* ;
Le chant du ruisseau,	*Id.*
Mon beau Pays,	*Heints* ;
Vœux pour la France,	*Id.*
Les mousses,	*De Laparte* ;
Le Drapeau tricolore,	*Monestier* ;
Le chant du travail,	*Samlis* ;
O Printanière Floraison,	*Id.*
Foyer et Patrie,	*Id.*
Souvenance, Confiance, Espérance,	*Id.*
La saison des nids,	*Id.*
Les batteurs en grange,	*Id.*
Haut les cœurs,	*Id.*
Les soldats de l'avenir,	*Id.*

CHŒURS A 2 VOIX. — Les partitions avec accompagnement de piano sont cédées au prix de 0 fr. 50.

Et voilà pourquoi Madeleine,	*L. Durocher* ;
Le Lac de Côme,	*Ed. Guinand* ;
La Fiancée,	*Id.*
Les Cerises,	*Pierre Dupont* ;
Les Bœufs,	*Id.*
Ma Vigne,	*Id.*
Le Lac,	*Lamartine* ;
Voix de la Brise,	*Stéphan Bordèze* ;
Si vous n'avez rien à me dire,	*Victor Hugo* ;
Rêverie,	*Id.*
Rêverie,	*F. de Bouillé* ;
Questions à la lune,	*Emile Bessière* ;
Le Rêve (Il Bacio),	*D. Tagliafico* ;

Quand l'Oiseau chante,	*Id.*
La Chanson de Marinette,	*Id.*
Le Corso Blanc,	*Antonin Louis* ;
Espana.	*E. Chabrier* ;
Chanson du Fil,	*Xavier Privas* ;
Chanson Crépusculaire,	*Paul Delmet* ;
L'Esclave,	*J. Massenet* ;

ROMANCES mises gratuitement à la disposition de MM. les Conférenciers ou cédées au prix de 0 fr. 20 la pièce (port compris). S'adresser à M. Defrance.

Les Passereaux,	*Gustave Tritant* ;
Roses blanches,	*Id.*
Muguet des Bois,	*Id,*
Ne réveillons pas Grand-Mère,	*Gustave Tritant* ;
Chanson des Nids,	*A. Dupont* ;
Les Pêcheurs de Perles,	*E. Besançon* ;
Sous l'aubépine,	*J. Carlez* ;
La Cloche des Écoliers,	*Th. Sourilas* ;
Avenir et Patrie,	*Id.*
Marche Gauloise,	*Léon Paliard* ;
La Feuille morte,	*O. Isoré* ;
Le Retour du Printemps,	*A. de Roubin* ;
Le Chant des Mousses,	*A. Saintis* ;
Chant d'Orphéon,	*C. de Vos* ;
Les Fleurs,	*Id.*
Les Vacances,	*E. Boulanger* ;
Plaisir d'Hiver,	*Gustave Tritant* ;
Coule, charmant ruisseau,	*Id.*
Chantez Grillon,	*Id.*
Hymne à la Nuit,	*Laurent de Rillé* ;
Hymne au printemps,	*A. Dupont* ;
Chant de Messidor,	*L. de Corteuil* ;

Enfin la même Société vous prêtera gratuitement des phonographes pendant huit jours, avec 6 cylindres. Les frais de transport aller et retour, sont à votre charge, et se montent à fr..... si votre localité a une gare. Indiquez très lisiblement le nom de la gare et votre adresse complète. Ne demander que des morceaux rchestrés.

Monologues-Saynètes. — Il est nécessaire à certains jours d'introduire dans nos réunions un peu plus de joie qu'à l'ordinaire et alors je crois qu'il est permis de débiter quelque monologue ou de jouer une saynète.

Il faudra évidemment ne pas trop charger le programme. J'ai vu certaines soirées avoir jusqu'à 30 numéros, cela me semble excessif : nous lassons nos hôtes.

Quant au choix des morceaux dits, il doit être scrupuleux ; nous voulons la joie, mais nous répudions la licence ; nous voulons la formation du goût et non le rire grossier. Nous devrons donc nous adresser, soit à nos meilleurs auteurs classiques, soit à nos poètes contemporains qui ont essayé de créer la poésie populaire de notre siècle. Par exemple nous pouvons emprunter nos *monologues à* :

LECONTE DE LISLE :	Des extraits de ses poèmes antiques ;
	id, barbares ;
	En particulier la mort des Dieux ; Un acte de Charité ; Le Corbeau ; Les deux glaives.
VICTOR-HUGO :	Beaucoup d'extraits pris surtout dans la Légende des siècles ; les Contemplations ; les Châtiments.
ANDRÉ CHÉNIER :	L'Aveugle ;
	Le Mendiant.
	La jeune Tarentine.
	Hymne à la France.
DE VIGNY :	La bouteille à la mer.
	La frégate « La Sérieuse ».
	Samson et Dalila.
	La mort du Loup.
LAMARTINE :	Hymne à la nuit.
	Hymne à la douleur.
	Le chêne,
	La Marseillaise de la Paix.
MUSSET :	Début de Rolla ; Une soirée perdue ; Une bonne fortune ; Dupont et Durand (très joli dialogue.

ROSTAND :   Extraits de Cyrano de Bergerac.
ED. HARAUCOURT :   Les naufragés.
S. PRUD'HOMME :   Vérité, Justice, Les vieilles maisons (fragments tirés du bonheur).
GREGH :   Extraits de la beauté de Vivre ; en particulier ; L'épreuve ; La maison du peuple.
JEAN RICHEPIN :   Extraits de la Mer.
MAURICE MAGRE : Extraits de La Chanson des Hommes.
BOUCHOR :   Le Pain.
Les pièces de théâtre de POTTÉCHER, telles que : Le Diable, marchand de goutte, Marbeth.

A défaut de ces œuvres que nous recommandons pour leur beauté on pourra se procurer gratuitement certaines poésies en les empruntant à la *Société des conférences populaires* (124, rue des Couronnes Paris).

JEAN AICARD :   La légende du forgeron ; Ce qu'a fait Pierre Le Petit Mousse ; Le Rouge gorge ; L leçon de lecture ; Le bon travail ; Le Régiment qui passe ; Gagner son Pain ; L'écolier chéri ; Saint-Nicolas : Ma Mère ; La solidarité ; La soirée en famille.
ANDRIEUX :   Le Meunier de Sans-Souci ; Un trait de Louis XII.
AUTRAN :   Aux Paysans ; La Moutre d'Argent.
TH. DE BANVILLE : La ballade des pauvres gens ; Ballade des Pendus
J. CLARETIE :   Boum-Boum (nouvelle).
ALPH. DAUDET :   L. le Sous-préfet aux Champs ; La dernière classe (nouvelles) ; Le mauvais Zouave ; La Légende bretonne ; La dernière Fée.
C. DELAVIGNE :   Trois jours de Christophe-Colomb.
DESTOUCHES :   La fausse Agnès (scènes).
LÉON DIERX :   Les Paroles du Vaincu.
CLOVIS HUGUES : La Tisane d'étoiles ; L'Enfant trouvé.
IMBERT :   Les Perdrix.
LABICHE :   Les Petits oiseaux (scènes).
LAFENESTRE :   La Chanson des pommiers.
LA FONTAINE :   Le Cochet ; l'Avantage de la science.

Victor-Hugo :	Les Pauvres gens ; Le Crapaud ; Après la Bataille ; La Conscience ; Le Revenant ; Un Malheureux ; Les Enfants ; Petit Paul ; La Sortie ; Sédan ; La chanson du proscrit ; L'Expiation, Jean Chouan ; Les Marins perdus ; Pauline Roland ; L'Enfant blessé ; Les Soldats de l'an II ; Jeanne au pain sec ; La Grand'Mère ; Le Semeur ; Le Roulier et son cheval ; Le Poète et les Enfants ; Morts pour la Patrie.
Legouvé :	Les deux Hirondelles de cheminée ; Dandolo ; La Reconnaissance ; La Patte du Dindon.
Leconte de l'Isle :	La chasse de l'Aigle.
Yan Nibor :	Les Requins ; Perdus ; En mer ; Les anciens.

Les *pièces de théâtre* et les *saynètes* devront être empruntées également à nos meilleurs auteurs. On pourra par exemple jouer soit en entier, soit une partie seulement de :

La farce du cuvier (xve siècle) ;
La farce de l'avocat Pathelin, (arrangement de Ed. Fournier) ;
Les Plaideurs de Racine ;
Les Précieuses ridicules de Molière ;
Le Malade imaginaire de Molière ;
L'Avare de Molière ;

Des scènes peuvent être prises dans :

Le légataire universel, de Régnard (5 actes en vers) ;
Le joueur,   id.   id.   id.
Le mariage de Figaro, de Beaumarchais ;
Ruy Blas, de Victor Hugo ;
Jean-Marie, de André Theuriet (drame en 1 acte en vers) ;
Le misanthrope et l'Auvergnat, de Labiche (1 acte — 4 rôles d'homme, 1 rôle de femme qui peut être tenu par un homme) ;
La Grammaire de Labiche (1 acte — 4 rôles d'homme, 1 rôle de jeune fille) ;
Les deux timides, de Labiche (1 acte — 3 rôles d'hommes, 2 rôles de femme) ;

La cigale chez les fourmis, de LABICHE (1 acte — 3 rôles
    d'homme, 2 rôles de femmes);
Le sourd ou l'Auberge pleine (avec coupures) de DESFORGES;
Le gendre de M. Poirier, EMILE AUGIER (Comédie en
    4 actes);
Maître Guérin, EMILE AUGIER (5 actes en prose);
La Ciguë, EMILE AUGIER (Comédie en 2 actes et en vers);
L'étincelle, RAILLERON (Comédie en 1 acte);
Le flibustier, DE RICHEPIN;
Le chemineau,   id.
Cyrano de Bergerac (certaines scènes), ROSTAND;
Le gendarme est sans pitié de COURTELINE (1 acte);
Un client sérieux,   id.   (1 acte);
Les deux aveugles (saynète musicale à 2 personnages),
    J. OFFENBACH.

A titre de document, et simplement à ce titre voici une liste
de quelques pièces de théâtre prêtées gratuitement par la *Société
des conférences populaires*.

Pièces de théâtre

CES PIÈCES SONT PRÊTÉES GRATUITEMENT POUR HUIT JOURS

ELLES PEUVENT ÊTRE CÉDÉES AU PRIX INDIQUÉ

EN REGARD. — (S'ADRESSER A M. DEFRANCE.)

A. — *Pièces faciles à jouer, en société pour hommes seuls.*

— *L'Ami du Commissaire*, com. 1 a., par MM. René Beher et
C.-P. Cousin. (Décor: le bureau du Commissaire. Époque: de
nos jours.) Personnages: 2 hommes. — *Prix de cession*
0 fr. 80.

— *L'Article 330*, com. 1 a., par Georges Courteline. (Décor:
une salle d'audience. Époque: de nos jours.) Personnages:
4 hommes. — *Prix de cession*, 0 fr. 80.

— *Bob et Joë*, folie 1 a., par André Monselet. (Décor: le vesti-
bule des valets de pied à l'Opéra. Époque: de nos jours.)
Personnages: 4 hommes. — *Prix de cession*, 1 fr. 25.

— *Un client sérieux*, com. 1 a., par Georges Courteline. (Décor:
un tribunal. Époque : de nos jours.) Personnages : 8 hommes.
— *Prix de cession*, 1 fr. 25. — (Recommandé.)

— *Diogène et Scapin*, à-propos en vers, par M. Eugène Adenis.
(Décor: une place publique. Époque : xvii° siècle.) Personnages : 2 hommes. — *Prix de cession*, 0 fr. 80.

— *Un duel sans témoins*, comédie-vaudeville, 1 a., par M. Aug.
Jouhaud. (Décor: une mansarde. Époque: de nos jours.)
Personnages : 2 hommes. — *Prix de cession*, 0 fr. 80.

— *Jolibois... Prince Nègre!!* comédie-vaudeville en 1 acte, par
M. René Dubreuil. (Décoration : un bureau d'hôtel de quar-
tier. Époque : de nos jours.) Personnages : 3 hommes. — *Prix
de cession*, 0 fr. 80.

— *Une lettre chargée*, saynète par Georges Courteline. (Décor:
un guichet à la Poste). Personnages : 2 hommes. — *Prix
de cession*, 0 fr. 80.

— *Le Locataire du sixième*, vaudeville 1 a., par MM. Marc
Sonal et Ch. Baret. (Décor: un cabinet de travail. Époque : de
nos jours.) Personnages : 2 hommes. — *Prix de cession*,
0 fr. 80.

B. — *Pièces en 1 acte, faciles à jouer pour* Femmes seules.

— *Bal Blanc*, comédie en deux scènes, par Lucien Puech.
(Décor: un salon. Époque : de nos jours.) Personnages :
6 femmes. — *Prix de cession*, 0 fr. 80.

— *Bavardage*, comédie en une scène, par M. Lucien Puech.
(Décor: un salon. Époque : de nos jours.) Personnages :
2 femmes. — *Prix de cession*, 0 fr. 80.

— *Gros chagrins*, saynètes par M. Georges Courteline. (Décor:
une chambre. Époque : de nos jours.) Personnages : 2 femmes.
— *Prix de cession*, 0 fr. 80.

— *Louisette*, comédie en deux scènes, par M. Lucien Puech.
(Décor: 1 petit salon. Époque : de nos jours.) Personnages :
2 jeunes femmes. — *Prix de cession*, 0 fr. 80.

Qui nous soit permis encore une fois en terminant de redire

que le choix d'une pièce de théâtre a une grande importance, qu'il n'est pas permis de jouer une pièce quelconque, car le théâtre a une action éducative et qu'il peut « corriger tout en faisant rire. »

CONCLUSION

En résumé, nos soirées doivent être composées de façon à être harmonieusement complètes et pouvoir toucher toutes les fibres du cœur et mettre en action toutes les parties du cerveau.

Elles doivent être également telles qu'elles élèvent la moralité de ceux qui les suivent, ce qui nous oblige — nous conférenciers populaires — à ne parler que du beau, du vrai, du bien et à ne présenter que des œuvres de beauté en éliminant impitoyablement de nos entretiens tout ce qui est médiocre.

TABLE DES MATIÈRES

Documents manquants (pages, cahiers...)
NF Z 43-120-13

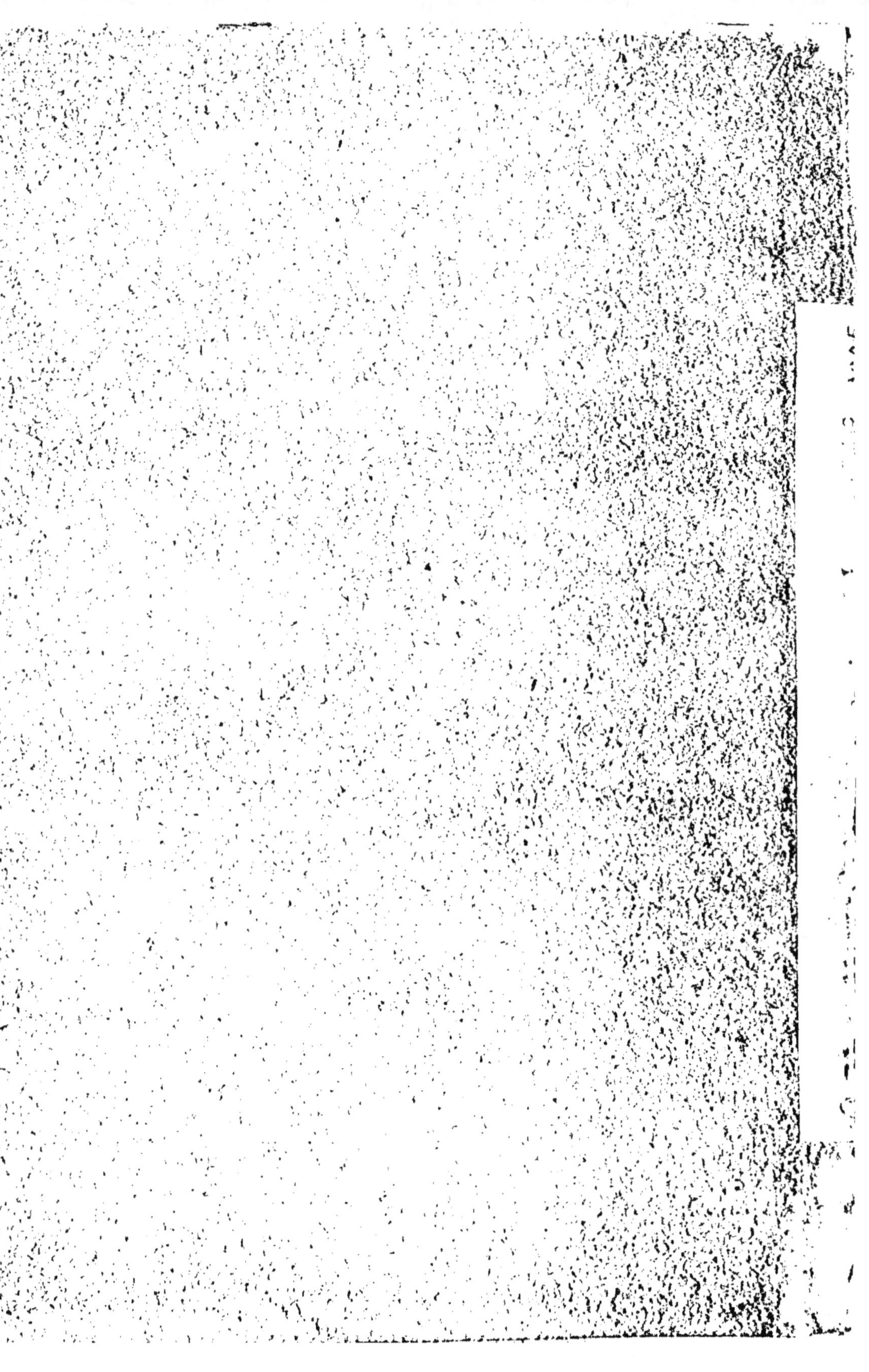